UN

ROMAN

A VALS

261
74

MONTPELLIER

IMPRIMERIE CENTRALE DU MIDI

RICATEAU, HAMELIN ET Cᵉ

—

1875

UN ROMAN

A VALS

UN
ROMAN

A VALS

MONTPELLIER

IMPRIMERIE CENTRALE DU MIDI

RICATEAU, HAMELIN et Cᵉ

—

M DCCC LXXV

©

AU LECTEUR

L'été dernier, le hasard mit entre nos mains la collection d'une petite feuille hebdomadaire, intitulée *la Nymphe des Eaux,* qui paraissait naguère à Vals.

Cette feuille, aujourd'hui complétement oubliée, contient, sous la simple rubrique *Correspondance,* un vrai drame intime, d'autant plus attachant qu'il est raconté sans prétention, devant un public imperceptible, et que les auteurs et acteurs y parlent sous l'influence de passions profondes et, en quelque sorte, au gré des événements.

Il nous a semblé que cette histoire méritait les honneurs du livre, et c'est elle que nous présentons aujourd'hui au public. Le lecteur y trouvera, comme nous, la preuve que les romans de la vie réelle sont souvent bien plus pathétiques que ceux dont l'imagination des romanciers fait uniquement les frais.

A. Mazon. .

UN ROMAN

A VALS

I

Les Embarras d'un Éditeur

Nous ne connaissons pas de position plus embarrassante que celle d'un éditeur de journal qui voudrait intéresser son public par des œuvres originales... et qui ne trouve rien.

Nos aimables lectrices et nos lecteurs savent que la *Nymphe des Eaux* n'est pas une de ces feuilles où le ciseau joue le rôle de rédacteur. La *Nymphe* peut dire, comme nos dames du Vivarais de leurs cheveux et de leurs dents : Ce que j'ai est bien à moi. Elle professe, d'ailleurs, médiocrement d'estime pour la plupart des journaux, en qui elle voit des corrupteurs plutôt que des réformateurs. Elle hait leurs grandes phrases et leurs ficelles usées, et ce n'est pas chez eux qu'elle ira prendre des leçons de bon sens et de bon goût. Elle croit que la

nature est la source inépuisable et éternelle des inspira-
tions littéraires, de même que les populations des campagnes sont le foyer où se conserve le bon sens de la
nation. Elle est convaincue qu'en littérature comme en
politique, — comme en fait de mariage, pour le dire en
passant, — on va toujours chercher bien loin ce qu'on
pourrait trouver plus près.

Que de romans intéressants, plus vrais que la réalité
même, un observateur intelligent saurait tirer de notre
société provinciale ! Que de types curieux, doux ou terribles, il pourrait faire ressortir ! Les sots coudoient
le roman sans le voir nulle part, les esprits judicieux le
trouvent partout.

Il y a des jours où l'éditeur de ce journal, celui qui a
l'honneur de s'adresser en ce moment au public, aper-
çoit, dans une sorte d'intuition, la série des tableaux
dont cet intéressant pays de Vivarais, avec sa population
aux allures si originales et si franches, avec ses montagnes si pittoresques, pourrait fournir le sujet. Son imagination anime les objets inanimés et idéalise les personnages qui se pressent sous ses yeux. Tout se meut et
s'agite devant lui, comme sur un théâtre d'automates.
S'il lui était possible, dans le court intervalle que ces
illusions durent, d'écrire tout ce qu'il voit et entend, il
remplirait la *Nymphe* de chefs-d'œuvre. Mais, hélas ! il y
a de la conception à l'exécution la même distance que
du rêve à la réalité. Ces charmantes visions, qui, il faut
l'avouer, sont ordinairement encouragées par une tasse
de moka, s'évanouissent au bout de quelques heures, et
le voilà bête comme devant. Adieu, panier ! vendanges
sont faites ! Mais quelles riches vendanges, quand on a

su profiter du moment, en cherchant l'inspiration dans soi, autour de soi, et non pas chez les autres !

Nous avions eu, l'autre jour, l'occasion d'émettre ces idées au cercle, devant quelques personnes. Nous avions terminé par cette vigoureuse sortie : Journalistes dé province, vous croyez être des écrivains, vous n'êtes que des singes. Quand les journaux de Paris éternuent, vous vous mouchez. Ce n'est pas ainsi que vous atteindrez l'originalité, cette perle précieuse sans laquelle toutes les autres qualités, en littérature et dans les arts, ne sont rien.

— Bravo! triple bravo ! fit un jeune homme qui nous avait écouté attentivement.

En même temps il nous prit à part et nous remit quelques feuillets comme étant le premier chapitre d'un roman qui, ajouta-t-il, aura été fait d'une façon toute nouvelle et tout originale, puisque, à part certaines précautions tendant à sauvegarder l'incognito des personnages, le public de la *Nymphe* pourra le suivre, à mesure que se déroulera le cours des événements.

— Comment! lui répondis-je, vous voulez que je commence la publication d'un feuilleton dont le premier chapitre seulement est écrit, et sur la suite duquel vous n'êtes pas fixé vous-même? Vous rêvez !

— Vous vouliez du nouveau : en voilà ! Vous refusez ; tant pis pour vous ! Je vous salue.

— Attendez ! voyons votre manuscrit.

J'en lus quelques pages, et j'avoue que, malgré certaines longueurs, je sentis mes dispositions changer.

— Quelles sont vos idées en littérature? lui demandai-je.

— Je ne sais comment on pourrait les appeler, me répondit-il, mais elles doivent beaucoup ressembler aux vôtres, du moins si je vous ai bien compris tout à l'heure; car, Monsieur, personne plus que moi ne déteste les singes et ne se moque plus du qu'en-dira-t-on, en politique, en littérature et ailleurs. J'écris d'après nature, et non d'après les préceptes des critiques. Tous les sentiments gais ou tristes que vous trouverez exprimés ici, je les ai éprouvés ; je daguerréotype plus que je ne peins. Mais voici le mérite particulier de ce travail : il sera de deux et même de trois auteurs différents, chacun remplissant le rôle que la voix du cœur, de la conscience ou l'impulsion des événements, lui auront tracé. Éva, la marraine ou la muse de ce livre, n'est pas un être fictif : c'est une personne en chair et en os et de tout point charmante, je vous jure. Les circonstances nous rapprochent; je découvre en elle un esprit supérieur, et enfin certaines affinités d'esprit et de sentiment établissent entre nous une communion d'idées, une correspondance. engendrent enfin un vrai roman, dont les développements feront l'objet de ce livre.

— Je comprends, lui dis-je. Vous faites comme deux ou trois personnages qui montent sur un théâtre et, à la fois auteurs et acteurs, improvisent une pièce sans rôle appris d'avance.

— Mieux que cela, Monsieur. Je monte seul d'abord sur la scène. De là, je jette à Éva un masque et la prie de me suivre. En d'autres termes, c'est la lecture de ce premier chapitre qui doit faire connaître mes sentiments à Éva et la déterminer à nous prêter sa collaboration.

— En voici bien d'un autre. Mais êtes-vous sûr que notre feuilleton aura un dénoûment? Et si Mlle Éva, ce qui me semble probable, se moque de vos folies et craint de tacher d'encre ses doigts blancs, nous resterons donc un pied en l'air, comme dans certains ballets !

— Ne craignez rien. Je crois qu'Éva répondra, parce qu'il n'y a rien dans ma démarche qui puisse la blesser et parce que je la crois douée d'une vertu assez solide pour pouvoir se dispenser d'être bégueule ; passez-moi le mot. Si elle ne répond rien, c'est encore un langage, et ce n'est pas toujours le plus difficile à interpréter. Je traduirai, et, quoi qu'il arrive, nous finirons.

— Vous trouvez réponse à tout. Je vous souhaite bon succès et je prie Dieu de vous inspirer, vous et Mlle Éva, afin de rendre mes abonnés aussi nombreux que les étoiles du ciel, les grains de sable de la mer, les écrivains sans esprit et les hommes politiques dépourvus de bon sens.

Les lecteurs de la *Nymphe* en savent maintenant tout autant que nous. Les voilà embarqués, avec la *Nymphe,* sous la conduite d'un inconnu, dans une histoire dont Dieu seul peut connaître l'issue, puisque le pilote avoue lui-même qu'il conduit le navire à l'aventure, à la recherche d'un continent nouveau. Puissent les vents et les flots lui être favorables et le faire aborder (après de dramatiques péripéties cependant, sans quoi les abonnés de la *Nymphe* n'auraient pas lieu d'être satisfaits) à cette terre fortunée des romanciers où se trouve écrit sur un poteau ce dénoûment final : ils se marièrent, furent heureux et eurent beaucoup d'enfants !

II

La Déclaration

Lettre de Jean-Joseph, actuellement à Vals, à M. Henry Barbelin, médecin, à Lyon

Vals, mai 1853.

Tu m'as conseillé de voyager : me voici en Vivarais.

Drôle de pays, mais qui convient à un drôle de voyageur comme moi. Vieil océan volcanique dont les vagues tempêtueuses, subitement solidifiées, ont formé d'abruptes montagnes qui semblent toujours prêtes à descendre dans les bleues vallées ; et l'on croirait encore, en gravissant ses sommets ou dégringolant dans ses profondeurs, se sentir alternativement soulever et précipiter par l'esprit souterrain qui a produit tant de cataclysmes.

Malgré cela, ou peut-être à cause de cela, le Vivarais me plaît, parce qu'il a une physionomie *sui generis*. Il ne ressemble en rien aux autres pays de montagnes. Les Alpes et les Pyrénées sont majestueuses, silencieuses, et leur brune verdure n'inspire que la contemplation ou le recueillement : la nature cévenole est tourmentée, colorée et vivante ; elle suinte l'histoire et le roman. L'âme résonne à son contact comme la harpe éolienne au souffle du vent. Il y a de tout dans ces montagnes : du rouge, du bleu, du vert, du gris, du blanc, du noir ; c'est un concert de couleurs qui saisit d'admiration les géologues et même les simples touristes comme moi.

Le Vivarais me plaît encore parce que...... Ah ! je te vois sourire et je t'entends murmurer comme ce personnage de comédie : Où est la femme ?

Eh bien ! oui, il y a une femme. Est-ce qu'il est possible de s'intéresser à quelque chose, s'il n'y a pas une femme sous jeu ? Et puis, crois-tu que ce soit une chose bien commune qu'une femme ?

Diogène, une lanterne à la main, cherchait un homme en plein jour dans les rues d'Athènes. La femme comme je la conçois est encore plus rare que l'homme de Diogène. Donc j'ai trouvé une femme, et je t'avoue que son apparition n'a pas peu contribué à dissiper les ténèbres dont j'étais environné. De longtemps une si douce aurore n'avait caressé mes paupières. J'ai fait cette découverte ici même, au bord des sources délicieuses que tu m'avais conseillées. Écoute :

C'était par une après-midi toute baignée de soleil, toute bigarrée d'ombres et de reflets, toute parfumée d'odeurs de montagne. Une brise discrète agitait les feuilles des arbres et les herbes des champs. Il semblait que la nature voulait parler et qu'elle se plaignait de n'être pas comprise.

J'étais descendu pour boire à la source de la *Chloë*.

Elle y était aussi.

Elle buvait, comme une simple mortelle, le cristal liquide qui sortait en bouillonnant du rocher. Il me sembla que c'était la nymphe même de la source qui, s'ennuyant dans ses rocailles, en était sortie. J'étais ébloui, et je n'apercevais pas l'Hébé campagnarde qui me tendait un verre.

Elle s'aperçut de ma distraction et.... elle éclata de rire.

Tu penses si je fus interdit; mais ce rire était si franc, si argentin, si gracieux, que je n'en fus pas moins captivé. Elle parut, du reste, très-honteuse de cet accès de gaieté, et ses yeux me firent clairement de gentilles excuses, que je fus trop heureux d'accepter.

Je m'en allai ravi..... et soucieux. J'avais bu un verre d'eau ; mais les yeux de l'enchanteresse avaient rendu cette eau plus enivrante que du champagne. Je brûlais de savoir quelle était cette charmante personne; mais j'aurais craint de profaner la douce impression que j'avais ressentie, en le demandant au premier venu.

Mon imagination continuait à toute vitesse le roman commencé à la *Chloë.* Tantôt j'avais peur et tantôt je riais de ma peur, mais toujours en adorant ma belle inconnue.

Il y a un dieu pour les amoureux. Ce dieu m'envoya, le soir même, un ami qui m'offrit de me présenter à Mᵐᵉ B., dont le chalet est devenu, cette année, le rendez-vous de l'élite des baigneurs.

Elle y était. Je la trouvai aussi séduisante qu'à la source, mais avec un genre de beauté tout différent. Il y avait dans ses yeux et sur tout son visage un reflet de tristesse qui me frappa. C'était moins la jeune fille vive et moqueuse du Midi que la femme mélancolique du Nord. Quand je la saluai, elle parut un peu contrariée et chercha visiblement à éviter toute occasion de causer avec moi. Le dieu des amoureux vint encore à mon secours, cette fois sous la forme de Mᵐᵉ B., qui, sachant que j'aimais la musique, m'obligea à jouer avec elle un morceau à quatre mains. Cette fois, la glace était rompue et nous causâmes longuement. Elle rit de notre première rencontre et me pria de l'excuser. J'en ris plus qu'elle, en l'assurant que j'étais seul coupable.

Ah ! mon ami, quelles charmantes femmes que nos Françaises, quand elles se mettent à être charmantes ! Celle-ci a dans les mouvements, les gestes, les yeux, la voix, un je ne sais quoi qui remue tout mon être et qui a enchaîné irrévocablement mon cœur. Je me surprends à m'étonner que tout le monde ne soit pas à ses pieds. Tu comprendras mon admiration, quand je te dirai qu'à ce charme particulier des Françaises, qu'elle possède au plus haut degré, elle joint les qualités sérieuses qui font des Allemandes de si précieuses femmes d'intérieur.

Tu sais ce que je pense de l'éducation que reçoivent généralement les femmes dans notre pays. D'abord on les bourre d'idées vaniteuses, qui les rendent pour la plupart insupportables. Ensuite on ne leur laisse pas cet exercice graduel de leur liberté qui doit leur apprendre à se conduire toutes seules : on les mène en laisse comme des enfants, jusqu'à ce qu'elles se marient. Enfin on en fait des bas-bleus ou des ménagères. Point de milieu : il faut subir ou une pédante, ou une femme comme celle de Jean-Jacques.

On ne sait pas cultiver ce type délicieux de l'être féminin femme et artiste : femme pour nous aimer, artiste pour nous faire aimer ce monde enchanteur de l'art, donné comme compensation de tant de misères. Je ne croyais plus à ce type, qu'Éva me semble réaliser. Pour moi, elle est la première femme ; de là le nom que je lui ai donné. Elle est aussi instruite qu'aimable. Nous avons causé ensemble de tous les grands écrivains et de tous les grands artistes, et, quoique nous trouvant dans une de ces sociétés où le bon ton ne permet pas de manifester une admiration trop vive pour quoi que ce soit, si ce n'est pour le gosier d'un chanteur, pour les jambes d'un cheval ou pour un sujet de toilette, j'ai bien vite reconnu tout ce que son âme renferme d'enthousiasme et de sentiments élevés. Merci ! jeune fille, tu ne te doutes certainement pas du plaisir que tu m'as fait éprouver. Oh ! que ne donnerais-je pas pour qu'Éva fût ma sœur, afin de pouvoir déverser dans son sein tout ce qu'il y a aussi d'enthousiasme et de sublimes aspirations dans le mien !

Tu vas te moquer, vieux sceptique, mais ça m'est égal.

Tout à toi.

JEAN-JOSEPH.

Du même au même

Vals, juin 1853.

Mon cher ami, tu as raison, je suis un imbécile. Je me laisse emporter par mon imagination ; je crois trop vite aux grands sentiments qui mettent au-dessus des préjugés vulgaires. Je suis trop poëte, bien que depuis longtemps j'aie renoncé à faire des vers. C'est un défaut, je te l'accorde. Mais conviens que, si ce défaut pouvait se généraliser, on verrait dans le monde moins de ces actes lâches ou méchants qui déshonorent la race humaine et font parfois douter de la sagesse et de la justice suprêmes. En effet, plus on se corrige de ce défaut, plus on se rapproche de la brute. En cessant de croire aux jouissances du cœur et de l'esprit, on se cramponne instinctivement aux biens matériels ; on devient égoïste, âpre au gain, peu soucieux du bonheur des autres et de sa propre dignité. Je souhaite donc de me corriger le plus tard possible de cet excédant de poésie dont je sens dans mon cœur les brises embaumées. D'ailleurs, si je ne me trompe, je serai moins dupe que tu ne crois, puisque je me serai payé d'avance par la joie d'avoir cru et d'avoir aimé. Quand on rêve un magnifique paysage, n'est-ce pas comme si on le voyait réellement ? Quand l'imagination réfléchit l'image d'une femme en qui se résument toutes les perfections de la Minerve antique, n'est-ce pas comme si on la possédait ? Es-tu bien certain de ne pas rêver plutôt que moi, avec ton triste positivisme ? Va, la borne de la vie est la même pour tous, qu'on y aille avec des pattes ou avec des ailes.

J'ai revu Éva, hier, chez Mme B... J'étais près d'elle et je frissonnais chaque fois que nos pieds se rencontraient sous la table ou que mes genoux effleuraient sa robe. Nous avons causé encore plus longuement que la première fois. Plus je la vois, plus je me confirme dans la haute opinion que je me suis formée d'elle. Ah ! si je l'avais connue il y a trois ans, alors que les plus belles fleurs de mon âme n'étaient pas encore flétries, avec quelle joie je me serais mis à ses pieds et je lui aurais consacré ma vie ! Aujourd'hui les joies de la sainte amitié sont les seules que je puisse et que je veuille goûter. On n'y trouve pas cet arrière-goût d'amertume qui empoisonne les plaisirs de l'amour. Je veux y être initié par une femme. Si nos sympathies sont réciproques, Éva sera pour moi une sœur tendre, comme je serai pour elle un frère dévoué. Nous pourrons être séparés par l'espace, mais nos deux âmes, constamment unies, parcourront les sentiers fleuris que remplit l'esprit des grands écrivains et des grands artistes d'autrefois.

Je suis sûr que ces lignes te feront sourire. Une femme ordinaire me prendrait sûrement pour un fou, ou pour un séducteur naïf qui veut faire succéder l'amour à l'amitié. Avec son esprit supérieur, Éva démêlera mieux mes sentiments véritables. Elle verra que nous sommes faits pour nous entendre ; et, comme elle n'ignore pas combien sont rares ces mystérieuses sympathies qui unissent de prime abord deux âmes, elle ne résistera pas à ma prière, et elle m'accordera cette précieuse amitié qui doit nous consoler l'un et l'autre au milieu de toutes les circonstances de la vie.

Mais il faut que je me hâte, car la saison avance. Mme B... part dans quinze jours. Éva nous quitte avec elle, et qui sait si elle reviendra l'été prochain ? Si je n'obtiens rien avant son départ, j'aurai vu s'envoler un rêve bien doux, et je crains de retomber dans la triste nuit que son regard est venu éclairer....

Tout à toi.

JEAN-JOSEPH.

Lettre de M. Henry Barbelin, médecin à Lyon,
à M. Jean-Joseph, à Vals

Mon cher ami, tu es un garçon plein d'esprit, et, en cette qualité, tu ne recules guère devant les projets les plus extravagants. J'aurais grande envie de t'envoyer une ordonnance médicale. Je m'en abstiens pour mille raisons : la première, c'est que tu n'en ferais rien. Je te recommande cependant, dans ton intérêt, le grand air, la diète, l'exercice et le commerce des imbéciles ; il doit y en avoir à Vals comme ailleurs. Plus ils seront imbéciles, mieux cela vaudra : ce sera le lest que Dieu a oublié de mettre dans ta cervelle. Je te permets les eaux, mais tu feras bien de t'abstenir de vin et de toutes les liqueurs excitantes. Défie-toi surtout du café, qui est le plus dangereux des enchanteurs. Dors tant que tu pourras. Marche sur la terre et évite le regard des jeunes filles qui éclatent de rire en buvant de l'eau claire.

Pour te dire le fin mot, mon cher, tu déraisonnes; et feu Hoffmann, s'il vivait, ne manquerait pas de te fourrer dans ses *Contes fantastiques*. Il me semble te voir d'ici, abordant ta déité pour lui dire, à travers mille périphrases naturellement:

« Aimons-nous comme frère et sœur. »

Ou je ne connais rien, mon bon, à la femme, ou la plus simple d'entre elles te rira au nez.

Si ta belle pouvait prendre au sérieux cette aimable proposition de se laisser *aimer d'amitié*, elle ne manquerait pas de se fâcher et de te répondre : « Est-ce que vous me trouvez donc si mûre et si peu aimable qu'on ne puisse m'aimer.... autrement ? »

Je te préviens qu'à Paris, Lyon, Marseille, dans tous les pays de France et de l'étranger que je connais, on ne comprend guère l'amitié d'homme à femme que comme un pis-aller. Nous verrons bien s'il n'en est pas de même à Vals.

A propos, tu ne me dis rien des points les plus essentiels. Est-elle grande dame ou grisette ? Je soupçonne qu'elle tient le milieu. Jamais un garçon délicat et susceptible comme je te connais ne trouvera à une grande dame cette exquise amabilité qu'elle peut certainement avoir, mais que ses égaux seuls pourront apprécier. Tu es trop raffiné, d'autre part, pour te plaire longtemps à la conversation d'une grisette. Ta belle doit appartenir à la condition moyenne. Est-ce une petite bourgeoise ? est-ce une institutrice ? La conjugaison du verbe *aimer* avec une institutrice ne doit pas manquer de piquant.

Adieu ! Si tu ne renonces pas à tes folies, je suis bien obligé de te souhaiter bonne chance.

Je ne sais pourquoi un vers de Lafontaine me revient en ce moment à l'esprit :

Jean s'en alla comme il était venu.....

Mon Dieu ! que tu dois me trouver oiseau de mauvais augure !

Crois toujours néanmoins à ma sincère amitié.

Henry BARBELIN.

A Monsieur Henry Barbelin, médecin à Lyon

Vals, juin 1853.

J'envoie à Éva ma requête, c'est-à-dire le numéro de la *Nymphe des eaux* qui contient notre correspondance. Avec quelle impatience je vais attendre le jour où elle répondra à cette singulière déclaration !

Éva, je vous aime.

Médecin, mon ami, garde ton ordonnance. Les plus fous ici-bas ne sont pas ceux qu'on pense. Tu vas dire que je suis bien malade, car voilà que je parle en vers.

Ton dévoué,
JEAN-JOSEPH.

———

III

Un paradoxe du docteur Barbelin

Lettre de l'Éditeur à l'Auteur

Mon cher Monsieur,

Votre commencement a eu du succès. Plusieurs respectables demoiselles, à l'accent anglais, sont venues s'abonner à la *Nymphe des eaux*, après m'avoir pris à part pour me demander si Éva existait réellement. J'ai fait une réponse affirmative, mais en ajoutant que je croyais notre héroïne fille d'Albion, et métamorphosée en Française uniquement par la délicate réserve de notre collaborateur.

On m'a demandé votre portrait. Ne l'ayant pas et sachant l'humeur romanesque de ces dames, je leur ai donné la photographie d'un de mes anciens typographes, beau garçon qui a depuis longtemps quitté le pays. Vous me pardonnerez cette liberté, qui ne fera que couvrir davantage votre incognito, et j'espère qu'elles me le pardonneront aussi, en voyant jusqu'à quel point elles pourraient compter pour elles-mêmes sur ma discrétion. J'arrive au point important.

La suite, Monsieur, la suite !

Voilà deux numéros sans Éva. Mes nouvelles abonnées se plaignent. Sauvez-moi de leur désappointement. Ma femme vous invite à dîner pour dimanche. Elle voudrait savoir si Éva est blonde ou brune, et elle trouve le docteur Barbelin bien sot de ne vous l'avoir pas demandé.

J'ai l'honneur d'être, Monsieur, etc.

Réponse de l'Auteur

Vals, 1er juillet.

Mon cher Éditeur,

J'en suis au désespoir pour vos nouvelles abonnées; mais, avec la meilleure volonté du monde, on ne peut aller plus vite que les violons. Or les violons n'en sont pas précisément aux mélodies amoureuses. Jugez-en plutôt :

Vous savez par quel moyen ingénieux je lui fis ma déclaration, me bornant pour cela à lui faire parvenir le numéro du 24 juin de la *Nymphe des eaux*.

Quand je la revis deux jours après, — je n'osai pas me présenter le lendemain, — elle avait bien l'air un peu rêveuse, mais elle secoua vite sa rêverie, comme un oiseau secoue la poussière tombée sur ses ailes.

Je laissai échapper comme par hasard le nom de votre estimable journal, mais elle ne parut pas y prendre garde.

Je voulus aller plus loin, et je fis allusion au pauvre Jean-Joseph. Elle me répondit en souriant, mais avec un certain trouble: « Avouez que voilà un homme passablement absurde !

— Vous avez bien raison! » lui dis-je, non sans me reprocher intérieurement cette petite lâcheté.

Elle me regarda dans les yeux, comme quelqu'un qui se penche au bord d'un puits en cherchant à reconnaître le fond; mais ce fut rapide comme la pensée, et elle se remit à parler d'autre chose.

Je restai presque toute la soirée auprès d'elle, muet, honteux, sentant que je pouvais faire cesser d'un mot cette situation stupide, et n'ayant pas la force de pousser ce mot à travers mes lèvres rebelles.

Oh! que les femmes doivent nous trouver sots, si elles n'éprouvent pas de leur côté cette timidité extraordinaire qui accompagne le véritable amour dans les âmes neuves et sensibles !

Voilà, mon cher Éditeur, où j'en suis. Tâchez d'arranger la chose de façon que vos lectrices ne me trouvent pas trop niais. Et, comme ceci ne pourrait suffire pour un feuilleton, je vous transmets une lettre que j'ai reçue ces jours-ci du docteur Barbelin, au sujet de l'aventure bizarre où je suis engagé.

Je n'ose pas accepter votre invitation pour dimanche. Votre femme se moquerait de moi, et elle aurait peut-être raison. Je vous prie de lui présenter mes compliments respectueux et de me croire votre tout dévoué.

JEAN-JOSEPH.

————

A M. Jean-Joseph, à Vals

Lyon, juin 1853.

Nous avons ici un proverbe qui dit : *Un homme sans femme est une cloche sans battant.*

Je me hâte de te prévenir que ce proverbe est absurde et que je le cite uniquement pour faire mon entrée. Les proverbes sont, pour un homme qui prend la plume, ce que les versets des livres saints sont pour les prédicateurs, ce que le lorgnon est pour un dandy, ce qu'une canne à pomme d'or est pour un vieillard musqué : ce sont objets posant ceux qui s'en servent, sans faire de mal à personne, pas même aux Lyonnais, bonnes gens au fond, qu'il faut se garder seulement de juger par leurs proverbes.

Qu'est-ce donc qu'un homme sans femme, si ce n'est une cloche sans battant ?

Un homme sans femme, très-cher, c'est... un homme; tandis qu'on ne peut en dire autant de celui qui fait partie du grand régiment.

Un homme sans femme est un animal d'une conformation physique et morale où la simplicité approche de la perfection. Il a une tête, trente-deux dents, deux jambes et deux bras. Il porte un chapeau, des bottes, une redingote ou une veste et... des *inexpressibles*.

Au contraire, l'homme— comment dirai-je ?— *enfemmé* a deux têtes qui ordinairement ne s'accordent pas, soixante-quatre dents fournies par la nature ou par les éléphants, quatre bras et quatre jambes, dont deux le plus souvent veulent aller à gauche, tandis que les deux autres veulent aller à droite. Il porte à la fois des bottes et des bottines, la braye germaine et la robe romaine et.... une foule de coiffures.

L'homme sans femme joint à l'unité de structure l'unité de vues et d'idées. Il a une âme qui peut battre des ailes dans les plus hautes régions, une intelligence qui peut atteindre les secrets les plus cachés de la nature.

L'homme marié ne s'appartient plus: les plaintes de sa femme et les cris de ses enfants l'empêchent d'entendre les mélodies intérieures de l'âme et de reconnaître les harmonies de la création. Ce n'est plus un être simple, mais un être composé; ou plutôt une fraction de l'être simple qui s'appelle famille, dans lequel son individualité s'est fondue. Il peut être un bon père de famille, un bon citoyen, voire même un bon garde national, mais il a cessé de faire partie du corps d'élite de l'humanité, de ces zouaves de l'esprit qu'on appelle des savants, des poëtes, des artistes.

Je te vois d'ici sourire en murmurant que tout cela est plus ingénieux que vrai.

Je te réponds que cela est encore plus vrai qu'ingénieux, et que les exceptions apparentes, examinées de près, rentrent dans la règle commune. La raison en est bien simple. A moins d'être dans la position de fortune de Rubens ou de Meyerbeer, le mariage appelle le calcul, et le calcul tue toutes les fleurs de l'esprit, la poésie comme la science.

Que si les Lyonnais veulent à tout prix que leur proverbe soit vrai, je dirai qu'avant de résonner sous le battant femme, la cloche humaine était battue par les ailes des anges et sonnait de bien plus jolis carillons.

Veuille donc reconnaître, très-cher, qu'il y a deux sortes de créatures dans ce monde : les unes peuplant l'esprit, les autres peuplant la matière ; les premières formant les âmes, et les autres, — pardonne-moi l'expression, — faisant des petits.

Tu es actuellement dans la première catégorie. Si tu veux absolument descendre dans la seconde, tu n'as qu'à passer chez le maire et le curé. Le premier forgera et le second bénira une lourde chaîne que ta fiancée souriante te rivera au doigt, en te faisant croire que c'est une simple bague.

Avant, tu étais un. Après tu seras deux, avec la force d'un. Tu seras comme un bateau à vapeur dont on a doublé la charge, sans doubler sa force de mouvement. Ton individualité se rapetissera à mesure que ta famille augmentera, jusqu'à ce qu'elle soit tout à fait annihilée. Cherche donc à l'embouchure du Rhône le filet limpide sorti du Saint-Gothard : ce sera aussi facile que de chercher l'âme ardente d'hier dans les préoccupations et les soucis du père de famille.

Choisis donc entre Éva et la muse; mais persuade-toi bien que l'une exclut l'autre. Donne des enfants à la patrie ou donne des âmes à l'humanité, mais ne te flatte pas de mener ces deux tâches de front.

Donc, au point de vue de l'art, je te dirai ce que répètent depuis longtemps les prêtres catholiques : « Marie-toi, tu feras bien ; ne te marie pas, tu feras mieux.»

Sur ce, marié ou non, crois à l'affection de ton vieux camarade

Henry BARBELIN.

IV

Le Roi des braconniers

Lettre de Jean-Joseph à l'Éditeur

Mon cher Éditeur,

Je commence à trouver à mon équipée des amertumes et des tristesses que je ne soupçonnais pas d'abord. Je me débats dans les plus cruelles incertitudes. M'aimera-t-elle ? Que pense-t-elle de moi ? N'a-t-elle pas compris, ou bien ne veut-elle pas comprendre le roman si transparent de la *Nymphe des eaux* ? Je passe par mille suppositions, plus absurdes les unes que les autres. Je désespère sans savoir pourquoi, et je me remets ensuite à espérer sans savoir pourquoi. Mais, comme c'est le lot, paraît-il, de tous les amoureux, je ferai grâce à vos lecteurs de ce monotone tableau des tempêtes intérieures de mon pauvre cœur.

Je cherche un remède à mon mal dans les fatigues corporelles, mais je ne le trouve pas toujours. Je fais de longues excursions ; je dévore l'espace, pour empêcher le souci de me dévorer moi-même. Je cours vos montagnes avec l'agilité du pâtre ou du chasseur, en demandant à leurs pittoresques perspectives l'apaisement et l'oubli. Elles me donnent quelquefois l'un et l'autre, mais passagèrement. A la fin de chacun de ces moments de répit, je retrouve inévitablement la divine jeune fille que j'ai voulu fuir. Ah ! que tu es bien vengée, Éva, de ma présomptueuse étourderie !

Je ne sais si c'est un reflet d'optique amoureuse, mais nulle part je n'ai vu de nature plus splendide, plus attrayante, plus chaude de forme et de ton, que celle du Vivarais. Jamais pays ne m'avait saisi de la sorte l'imagination et le cœur. Nulle part je n'avais aperçu d'aussi bleus lointains et d'aussi vaporeux horizons. La poésie déborde de ses crêtes et de ses pics comme la flamme et les laves en jaillissaient autrefois. Ses bois et ses eaux parlent. Jusqu'à l'industrie principale du pays, ces muets et innombrables troupeaux de chenilles qui filent le cocon, ce sépulcre d'or ou d'argent que dévident ensuite les fillettes rieuses, tout ici a quelque chose d'étrange et de féerique. Le paysan de ces montagnes a l'air plus grave et plus digne que dans les autres pays. Les femmes m'y paraissent plus belles que dans la plaine ; il y a dans leur physionomie un mélange de bonté et de finesse que je n'avais observé nulle part, et dont Éva fournit la plus haute expression.

Je m'imagine parfois que je vogue ici dans le pays de l'idéal. Les hommes et les choses prennent à mes yeux des proportions colossales ou des teintes inconnues. Le soir, je prête l'oreille pour entendre le frôlement de la robe des fées, et je suis quelquefois tenté de ramasser les cailloux du chemin, pour voir si, comme dans l'Eldorado, ils ne sont pas d'or ou de diamant.

Mais trêve de lamentations et de rêveries. Demain, je suis, avec Éva et Mme B., d'une partie au bois de Païolive. Peut-être notre roman avancera-t-il dans de si romanesques parages. Connaissez-vous le bois de Païolive, mon cher Éditeur ? Non sans doute, car, homme ou bois, nul n'est prophète dans son pays. C'est par un peintre lyonnais que j'en ai appris l'existence, et c'est à peine si j'ai pu trouver un indigène qui l'ait visité. Donc à bientôt, et tout à vous.

JEAN-JOSEPH.

_____

Du même au même

Il ne faisait pas encore jour quand les deux voitures de poste qui nous conduisaient à Païolive quittèrent Vals au triple galop, avec grand accompagnement de claquements de fouet mêlés à la sonnerie des chevaux. Ma mauvaise étoile m'empêcha de monter dans la même voiture qu'Éva. Heureusement le trajet se fit rapidement. Vers huit heures nous étions près des Vans, où deux guides nous attendaient.

Nous nous dirigeâmes vers le bois par la gigantes-

que ouverture de la rivière de Chassezac, qui entoure
d'un immense fossé semi-circulaire toute une moitié de
Païolive.

En face, sur l'autre rive, des vestiges de murailles
révèlent l'ancienne place forte de Cornillon, dont le nom
seul a survécu au naufrage du temps.

Sur la rive droite, où nous étions, ce ne sont que des
ruines naturelles, où la main de l'homme a été impuissante à laisser son empreinte. Le rocher, l'arbre, l'herbe
et les animaux sauvages, y vivent tête à tête depuis la
création, sans avoir été souvent troublés par les visa-
ges humains.

Quand nous eûmes grimpé la falaise abrupte qui, de ce
côté, permet d'aborder Païolive, nos guides nous firent
redescendre à mi-côte par des sentiers où les chèvres
seules passent d'habitude.

C'est ici le *chemin des Fées,* dirent-ils.

En cet endroit, ce n'était plus une falaise, mais un
immense mur perpendiculaire, qui des deux côtés en-
caissait les eaux mugissantes du Chassezac. Seulement,
du côté où nous étions, les couches supérieures du calcaire n'ayant pas recouvert exactement les couches
inférieures, il était resté, à mi-hauteur, c'est-à-dire à
cinquante mètres au-dessous de la crête des rochers et
à cinquante mètres au-dessus de la rivière, un rebord
escarpé servant de passage aux chasseurs et aux touristes qui ne craignent pas le vertige.

On fait ainsi cinq ou six cents mètres suspendu sur
l'abîme.

A moitié chemin, on trouve la *tribune des Fées.* Ici
la nature avait laissé le sentier interrompu.

La main de l'homme en a ressoudé les deux bouts au

moyen d'une courte galerie creusée dans le roc et munie de colonnes entre lesquelles on peut s'accouder commodément, pour contempler le profond et large sillon que les eaux du Chassezac ont creusé dans le calcaire néocomien.

Des arbustes viennent ensuite obstruer le sentier aérien ; — c'est le passage le plus dangereux, car sous cette verdure est l'abîme béant.

Le chemin des Fées aboutit enfin à une large crevasse par laquelle on remonte sur le plateau de Païolive, en passant devant une grotte à qui sa forme, et surtout son ouverture en rosace, ont valu le nom de *Gleyzasse*, ce qui veut dire *grande église,* en patois du pays.

Tandis que Mme B*** et d'autres parmi nos compagnons hésitaient, Éva s'était engagée la première dans le chemin des Fées. Je me jetai sur ses pas, en bénissant les guides qui me valaient ce suprême bonheur de partager un danger avec la femme aimée.

Nous arrivâmes à la tribune des Fées sans avoir encore échangé une parole.

Là, nous nous arrêtâmes pour attendre nos compagnons et admirer le magnifique spectacle qui s'étendait sous nos pieds.

Je voulus faire quelques compliments à Éva sur son courage :

— Jé n'ai aucun mérite, dit-elle, car ce genre de danger ne m'effraye nullement.

— Vous êtes la fée du chemin.

— Ou la fée du précipice.

Elle rompit brusquement la conversation et alla vers les arbustes qui obstruaient le dangereux sentier.

Elle mit le pied à côté du rocher, sur une branche qui céda à demi.

Elle se trouva ainsi à demi suspendue sur l'abîme, retenue seulement par un frêle arbuste qui glissait entre ses mains.

Une seconde de plus, c'était fini.

Je m'élançai et la retins par les vêtements. Elle était sauvée.

— Merci, dit-elle, sans manifester la moindre émotion. Mais vous avez peut-être eu tort: Dieu ne veut pas qu'on cherche la mort, mais il l'envoie quelquefois comme une délivrance.

— Si vous étiez tombée, lui répliquai-je non sans une certaine exaltation, je vous jure que je ne vous aurais pas survécu une minute.

— Vous êtes fou !

Cela fut dit d'un ton si sec, si impératif, que je ne trouvai pas un mot à répliquer.

D'ailleurs, elle avait repris sa course vertigineuse sur le chemin des Fées, et la crainte de la voir tomber dans l'abîme paralysait en moi tous les autres sentiments.

Nous arrivâmes presque en même temps au bas de la crevasse où, par un sentier qui ressemble à un escalier tournant, on remonte à Païolive.

Nous apercevions au loin l'un des guides, suivi de deux ou trois de nos compagnons, avançant avec précaution sur la route périlleuse que nous venions de parcourir.

L'autre guide était resté avec Mᵐᵉ B. et les autres touristes, qui, n'ayant pas osé s'engager dans le chemin des Fées, avaient fait volte-face et, suivant la crête des rochers, étaient allés nous attendre dans la grotte de la Gleyzasse, où bientôt nous nous retrouvâmes tous.

Après une légère halte, nous reprîmes notre marche à travers un dédale de rochers blancs et d'arbres verts, où nos guides semblaient suivre un fil invisible. Le bois de Païolive se révélait à nous dans toute sa sauvage grandeur.

Païolive n'est pas un bois, mais une ville, la plus originale des villes, avec des rues, des avenues plantées d'arbres, des squares, des maisons, et même avec des arcades, des statues et des clochetons. Nulle part les fantaisies de la pierre n'ont été poussées à un tel degré. Avec un peu d'imagination, ce n'est plus un désert sauvage, mais un musée qu'on a sous les yeux. Les énormes cubes massifs de calcaire blanc y figurent fort bien des temples et des maisons, maisons aux innombrables cavités, qu'habitent seulement les renards, les blaireaux et les serpents. On dirait une cité antédiluvienne pétrifiée dans le grand naufrage. Aujourd'hui les reptiles errent par milliers, comme d'inquiets gardiens, le long des murs de l'immense nécropole, tandis que les oiseaux chantent gaîment dans les oliviers et les chênes, troublant seuls de leurs cadences harmonieuses la paix de ce curieux désert, oublié et ignoré au milieu de l'État le plus civilisé de l'Europe.

Nos guides nous montrèrent, non sans une sorte de terreur mystérieuse, quelques *oustaou de los Fados* (maisons des Fées) qui existent sur divers points aux abords du bois. — Ce sont de magnifiques *dolmens,* quelques-uns accompagnés de *menhirs.*

Il faisait presque nuit, tandis que nous étions encore

à considérer ces tombeaux d'une race dont on ne sait même pas le nom, quand un chasseur de haute taille, suivi d'un chien, passa à côté de nous.

— Chut ! dit un des guides, c'est Jédi !

— Qu'est-ce que Jédi ? lui demandai-je.

— C'est le Roi des braconniers !

Éva se retourna pour voir le chasseur, et poussa un grand cri.

Tout le monde s'empressa autour d'elle.

— Qu'avez-vous ? lui dit-on.

— Rien, fit-elle. Un éblouissement.

Le chasseur nous regardait. Il sembla hésiter un instant, comme s'il voulait s'approcher de nous. Puis il siffla son chien et s'éloigna à grands pas. En un clin d'œil, il avait disparu.

Quand nous fûmes tout à fait hors du bois, nos guides, qui jusque-là n'avaient répondu qu'avec beaucoup de réserve à nos questions, devinrent plus communicatifs et nous contèrent une foule d'histoires sur le Roi des braconniers. Ces récits, où la fable et la réalité se coudoyaient avec une naïveté toute rustique, ne firent qu'accroître notre curiosité; et le soir même, aux Vans, où nous dînâmes avant de repartir pour Vals, on causa longuement à la table d'hôte du Roi des braconniers.

L'hôte fut un peu plus clair que nos guides. Il nous apprit que Jédi était un ancien réfractaire dont nul, dans le bas Vivarais, ne savait au juste le vrai nom et la véritable origine.

Un vieux féodiste, mort récemment, prétendait qu'il existait autrefois une race de chasseurs dont le chef portait le nom de roi de Païolive, et qui, jusqu'à la Ré-

volution, avaient su défendre leur royaume de chasse
contre les seigneurs voisins. Il pensait que Jédi était le
dernier descendant de cette race.

Ce roi vagabond avait, du reste, abandonné ses droits
sur Païolive, car il était plus souvent dans les hautes
Cévennes, où le gibier est beaucoup plus abondant, que
dans le bas Vivarais. Le nom de Jédi, sous lequel il
était généralement connu, lui venait de l'habitude qu'il
avait de terminer tous ses discours, d'ailleurs très-laco-
niques, par ces mots : *J'ai dit.*

On racontait qu'au temps de sa jeunesse, sous la Ré-
publique et sous l'Empire, il avait tué plus d'un gen-
darme coupable d'avoir voulu l'approcher de trop près
pour mesurer s'il avait la taille d'un conscrit. Mais on
ajoutait qu'en 1815, il avait encore plus tué de Prus-
siens et de Cosaques, qui avaient eu l'imprudence de
s'aventurer dans les gorges du Vivarais; et, depuis lors,
une trêve tacite semblait conclue entre les agents de la
force publique et l'ancien réfractaire. Les gendarmes
feignaient de ne pas le reconnaître, quand il leur arrivait de le rencontrer, et lui, de son côté, avait déclaré
en mainte occasion que, dès qu'on ne l'empêchait pas
de gagner sa vie sur la montagne avec son fusil, il ou-
bliait toutes ses anciennes rancunes contre les baudriers
jaunes. Quant aux gardes champêtres, la plupart étaient
ses amis et trinquaient avec lui comme avec un confrère.

Notre hôte nous parla, mais avec plus de réserve, de
certains actes un peu risqués, disait-il, attribués au Roi
des Braconniers. Ainsi on avait trouvé un matin, dans
la plaine de Jales, la tête traversée d'une balle, un jeune
paysan connu par le grand nombre de filles qu'il avait

déshonorées, puis abandonnées, après leur avoir promis le mariage. Le cadavre avait été placé sur un rocher
avec cette inscription sur la poitrine : *Justice*. On chercha vainement le meurtrier. Personne n'accusa le Roi
des braconniers, mais tout le monde lui fit honneur de
cette punition méritée. A part cette habitude présumée
de dérober aux magistrats certains gibiers de potence
et d'exercer ouvertement le braconnage, deux péchés
qui ne seront jamais de bien grands délits aux yeux de
nos bonnes populations des campagnes, Jédi passe pour
un homme d'une probité et d'une obligeance rares. Il n'y
a pas de village où il n'ait rendu quelques services ; il a
sauvé plusieurs personnes en danger de mort. Quand
les loups abondent sur la montagne, c'est lui que les
paysans vont chercher pour les délivrer de ce voisinage
incommode. Aussi sa présence dans une paroisse est-elle
pour les habitants un gage de sécurité apprécié tout
autant que celle de trois gendarmes, et c'est à qui lui
offrira un asile et des vivres.

Notre hôte parut très-satisfait, pour d'autres raisons
aussi, d'apprendre que Jédi était dans la contrée. Cela
prouve, dit-il, qu'il y a plus de gibier en ce moment par
ici que du côté du Tanargue ; car Jédi flaire le gibier
encore mieux que son chien, et nul n'en connaît mieux
les habitudes. Je suis étonné cependant de le voir arriver si tôt, car ordinairement il passe cette partie de
l'année dans les forêts de Cuze et de Bauzon, et il ne
descend guère dans le bas Vivarais qu'en automne,
quand le tourdre (la grive du raisin) vient glaner dans
nos vignobles déjà parcourus par les vendangeurs.

Nous quittâmes les Vans vers dix heures du soir. Cette

fois, je parvins à trouver place dans la même voiture qu'Éva ; mais je dois avouer que je n'en fus pas plus avancé pour cela. Cette adorable personne a décidément des airs et des regards qui ne rendent pas les déclarations faciles. Il me sembla que Mme B*** s'en apercevait et me regardait d'un air moqueur. La fatigue aidant, malgré la beauté de la nuit, tout le monde fut bientôt un peu assoupi. Je sommeillai par instants, et, chaque fois en me réveillant, je ne savais si je devais m'estimer plus heureux de voyager ainsi près d'Éva ou plus malheureux de ne pouvoir lui parler.

Je dormais quand nous arrivâmes à Vals. Je me réveillai en sursaut, en proférant, paraît-il, quelques paroles que personne ne comprit et dont je me rappelai moins que personne.

— Tiens ! dit Mme B***, M. Jean Joseph qui rêve, même quand il dort !

J'écrivis, le lendemain, une longue lettre au docteur Barbelin. — Je vous envoie sa réponse.

Agréez, mon cher Éditeur, etc.

JEAN-JOSEPH.

Lettre du docteur Barbelin

J'ai souri d'un bout à l'autre de ta lettre.

Toute cette poésie, mon cher, est dans ton âme encore plus que dans le Vivarais.

Non pas que le Vivarais ne soit un des pays les plus curieux du globe. Quand j'étais jeune, je l'ai couru d'un bout à l'autre avec enthousiasme, au lieu de m'attarder comme toi à des amourettes de ville d'eaux.

Si Dieu a mis sept jours pour créer le monde, il en a mis certainement trois pour faire le Vivarais.

Ce pays est, en effet, divisé en trois zones bien distinctes : l'une verte, l'autre rouge et la troisième grise.

La verte va de Limony au Doux. Sol granitique, primitif ; montagnes plus anciennes que celles de Bretagne. Les hauteurs où perchent Lalouvesc et Saint-Agrève avaient émergé de la mer primitive, quand la Gaule entière était encore sous l'eau. Leur aspect âpre et dur doit s'excuser en raison de leur vénérable antiquité.

Du Doux au Tanargue, c'est la zone rouge travaillée par les volcans. Sur la crête des Cévennes, les grands pics trachytiques ou phonolithiques. Plus bas, les volcans modernes alimentés par la mer, qui baignait encore le pied des montagnes. Ayzac, Jaujac, la Gravenne, le Chenavari, pays de cendres rouges et de scories. Dans les vallées, les colonnades basaltiques alternant avec le splendide défilé des châtaigniers, qui prospèrent dans la pouzzolane.

Du Tanargue au Gard, c'est la vraie nature cévenole, celle des grands horizons clairs, des sillons et des gouffres profonds, des calcaires éclatants, des vastes plateaux, comme ceux qui entourent Nîmes. Verdures grises et noires, houx, chênes verts et oliviers, cherchent en vain à éteindre les reflets lumineux de la roche surchauffée. Le plateau de Saint-Remèze et Bidon, où les abeilles butinent le plus délicieux de tous les miels d'Europe, est le type de la contrée, comme le pont d'Arc en est le monument le plus grandiose.

Le Coiron, la chaîne volcanique par excellence, se termine sur le Rhône par un vrai feu d'artifice de basaltes, qui n'a pas son pareil en Europe. Va voir Roche-maure et le Chenavari, et tu seras de mon avis. Cet endroit et la Gravenne de Montpezat sont restés sans rivaux dans mes souvenirs. Aucun de nos départements français ne présente un pareil ensemble de curiosités naturelles.

Voici le revers de la médaille :

Tout le monde n'est pas jeune et amoureux comme toi, et ceux qui ne sont ni jeunes, ni amoureux, sont moins frappés des beautés pittoresques du Vivarais que des fatigues par lesquelles il faut en ajourner la jouis-sance. La dernière fois que je suis allé en Vivarais, il y a quelques années, j'ai été plus frappé que jamais de la grossièreté et de l'ignorance des gens, non moins que de l'épouvantable malpropreté des lieux. J'ai passé dans certaines localités de montagne des nuits indescriptibles. L'impression de dégoût est restée vivace. Les hommes peuvent encore affronter les chambres communes et les punaises des auberges vivaraises, mais nul n'oserait y exposer des dames. Or il est bien évident que les tou-ristes n'iront jamais que par exception dans un pays d'où, par la force des choses, les dames sont exclues.

La *Nymphe des eaux* rendra un vrai service aux in-digènes du Vivarais, en leur transmettant ces observa-tions.

Mes compliments au bonhomme Jédi. Nous sommes de vieilles connaissances. Rappelle-lui le chirurgien qui a extrait, il y a dix ans, une balle envoyée par lui dans la cuisse d'un individu, lequel, entre parenthèses, était un pauvre sire. Il paraît que notre homme continue son rôle de justicier de la main gauche. Du temps que j'étais en Vivarais, il passait déjà pour un vrai paladin des montagnes, la providence des faibles et la terreur des mauvais garnements. Cela peut lui faire honneur devant Dieu, mais c'est un métier dangereux par ce temps de gendarmes et de cours d'assises. Il y aurait beaucoup moins de péril pour lui à être coquin avec des apparences d'honnête homme, qu'à être honnête homme avec des apparences de coquin.

La paix soit avec lui et avec toi, mon bon.

Ton ami : BARBELIN.

_____

V

Où l'auteur est embarrassé

L'Éditeur de la Nymphe *à ses lectrices et à ses lecteurs*

En amour, le sublime cotoie presque toujours le grotesque, et nous craignons bien que les lettres de l'estimable et intéressant jeune homme qui se cache sous le pseudonyme de Jean-Joseph ne l'aient plus d'une fois rappelé au public. Nous devons rendre cette justice à notre collaborateur, qu'il s'en est aperçu lui-même ; car lui ayant écrit, l'autre jour, que sa dernière lettre n'avait pas le sens commun, il nous a répondu simplement : Est-ce qu'il en est jamais autrement en amour ?

Il a, du reste, ajouté fort judicieusement qu'il comprenait la difficulté d'être à la fois acteur et auteur dans un roman d'amour, et qu'il nous laissait volontiers la faculté de corriger, pour le rendre supportable, le réalisme de ses communications. En amour comme dans les arts, le public veut bien la nature, mais plus ou moins idéalisée, et il n'aime pas à se voir dans le portrait de toutes les petites naïvetés et niaiseries amoureuses de notre héros.

C'est pourquoi, profitant avec empressement de l'autorisation de M. Jean-Joseph, nous nous permettrons désormais de réviser son manuscrit et d'y effectuer les modifications et radiations que nous jugerons indispensables.

———

Notre ami a été très-assidu cette semaine aux réunions de Mme B..., guettant toujours l'occasion de déclarer ses sentiments d'une façon plus explicite qu'au bois de Païolive, et ne parvenant pas à la trouver.

A en juger par ses récits, Mlle Eva serait assez fantasque : tantôt elle paraît l'écouter avec plaisir, tantôt elle le tient impitoyablement à l'écart, en affectant d'oublier tous les incidents qui, depuis bientôt un mois, auraient dû établir entre elle et lui un commencement d'intimité.

Un jour elle est charmante, gaie, spirituelle, comme la campagne de Vals au mois de mai, et le lendemain elle est froide, mélancolique, haute et taciturne, comme le Mézenc en décembre.

Il y a des jours où nos deux jeunes gens se parlen^t comme s'ils s'entendaient; d'autres fois, Éva fait au jeune homme l'accueil que l'on fait à quelqu'un qu'on n'a jamais vu. Permettez-moi, Mademoiselle, de ne pas vous en faire mon compliment.

Jean-Joseph est frappé de ces variations d'humeur, de ces brusques alternatives de préoccupation et de gaieté. Il se promet de ne pas manquer la première éclaircie pour déclarer ses sentiments.

———

Voilà une jolie soiré e, dit-elle un soir en le quittant.

Ses yeux accompagnèrent ces paroles d'un regard si doux, qu'un accès de courage le saisit.

Il prit la main de la jeune fille et osa y déposer un baiser.

Elle retira brusquement sa main.

— Allez-vous-en ! dit-elle d'une voix brève et impérieuse. Vous êtes fou, et je suis bien coupable.

Jean-Joseph rêva toute la nuit de jeunes filles qui avaient les traits d'Ève, mais qui se brisaient en morceaux comme un verre fragile, dès qu'il voulait les toucher.

— Quelle chose absurde que les rêves ! dit-il en se réveillant.

Il en écrivit au docteur Barbelin, qui lui répondit :

« Très-cher,

» L'âme, dans le sommeil, est attachée au corps par un fil invisible, comme une chèvre dans un pré est attachée à un arbre. Elle divague dans un certain cercle,

— 43 —

comme la chèvre dans le sien ; mais, vu qu'elle tient au corps, qui est la plus triste des réalités, sois persuadé que ses divagations tiennent à quelque chose de sérieux. Il se pourrait bien qu'Éva volât en éclats à ton contact, comme les images de ton rêve. Il y a un moyen d'éviter ce malheur : c'est de ne pas en approcher. De cette façon seulement, elle est sûre de conserver l'auréole dont ton amour l'a couronnée. Dénoue la ceinture d'une déesse, tu n'as plus qu'une vulgaire mortelle. Fais descendre la statue de son piédestal, tu seras blessé des traits grossiers que l'éloignement te dérobait. Saisis un papillon, tu trouves une chenille.

» Je te préviens d'avance, très-cher, que tu seras durement puni par la Muse, si tu lui es infidèle. Ton châtiment est tout prêt dans ton caractère même. Pour toi, le vrai doit être la fiction, et le réel doit être le fantastique. Bonsoir.

» BARBELIN. »

Lettre de Jean au docteur Barbelin

Il y a du nouveau depuis huit jours. Voici ce qui s'est passé :

Nous sommes allés visiter, moi dixième, le cratère d'Ayzac, près d'Antraigues. La partie a été charmante. J'ai eu, comme tu penses bien, cent fois l'occasion de causer avec Éva. J'ai été heureux la plus grosse partie de la journée ; elle ne cherchait pas à m'éviter. Nos conversations avaient ce caractère charmant d'intimité et

d'abandon qui forme le prélude de l'amour, quoiqu'on se
garde bien d'en prononcer le nom. Son bras mignon s'ap-
puyait sur le mien ; je respirais son haleine et je me
sentais brûler à la flamme magnétique de ses yeux. Mon
Dieu ! quelles amertumes ont promptement suivi ces
inexprimables délices !

Nous étions arrivés les premiers au sommet de la
montagne rouge. Enivré d'amour et d'espérance, je m'é-
criai :

— Éva, soyez indulgente ; mon cœur parle malgré
moi : je vous aime !

Hélas ! mon cher ami, je frémis encore de la subite
transformation qui s'opéra chez ma bien-aimée. On eût
dit une femme changée en statue de marbre : elle devint
pâle, tremblante. Mais son assurance lui revint rapidement, et elle me dit d'une voix grave :

— Monsieur, savez-vous qui je suis ? Vous ne me connaissez pas. Je tiens vos paroles pour non avenues.

Cela dit, elle me quitta rapidement, pour se réfugier
dans le groupe qui arrivait, et il me fut impossible de lui
adresser un mot en particulier de tout le reste de la
journée.

Je suis dans la plus cruelle des perplexités. *Vous ne
me connaissez pas !* ces paroles m'oppressent. Quel mystère pèse donc sur cette charmante enfant et pourrait
élever une barrière entre nous ? Pour un rien, je me jet-
terais dans la Volane.

Mon cher ami, je suis bien malheureux.

Tout à toi.

JEAN-JOSEPH.

Extrait d'une lettre du docteur Barbelin

..... Et tu n'as pas fini, mon bon !......

VI

Les Chasseurs de nuages

L'Éditeur de la Nymphe des Eaux *à ses lectrices
et à ses lecteurs.*

Notre ami Jean-Joseph continue le cours de ses folies. Voici deux lettres écrites par lui, cette semaine, à sa belle inconnue:

« Mademoiselle,

» Vous avez refusé de m'entendre l'autre jour. Laissez-moi la consolation de croire que vous serez moins sévère pour ce billet, qui va essayer de vous exprimer les cruelles perplexités d'un homme qui ne se reconnaît pas d'autre tort,— si c'en est un,— que de vous aimer.

» J'ai déjà écrit, et brûlé ensuite, dix lettres qui vous étaient destinées. Aucune n'exprime, — et celle-ci pas plus que les autres,— les sentiments que vous m'avez inspirés. O langage humain ! tu n'es jamais que le squelette de nos pensées et surtout de nos sentiments !

» Je vous aime, Éva, de toute la force de mon âme.

4

Mais à quoi bon vous le dire? Ne le saviez-vous pas avant que ma bouche eût parlé? N'aviez-vous pas lu de vos yeux, sur mon visage et dans toute ma personne, l'énergie et la loyauté de mon affection? Dès lors, si vous m'accordez la moindre estime, pourquoi cette persistance à m'éviter, à me refuser un mot d'explication, ce mot dût-il me faire mourir?

» Je cherche en vain, Mademoiselle, à m'expliquer les motifs de votre conduite.

» *Vous ne savez pas qui je suis !* m'avez-vous dit à la coupe d'Ayzac. Si ! je sais que vous êtes la plus ravissante des créatures. Vous êtes le rêve de ma jeunesse ! Vous êtes la moitié de mon âme, que je viens de retrouver ! Vous serez mon bonheur, si vous me souriez, et mon malheur, si vous vous détournez.

» Soyez miséricordieuse, comme vous êtes belle et aimable. Si je vous ai offensée, dites-le moi. Je serai assez puni de l'apprendre. Mais, de grâce, un mot d'explication. Quel que soit l'arrêt, vous serez obéie. Le refus le plus désespérant serait moins cruel que l'incertitude, où vous semblez prendre plaisir à laisser celui qui sera toujours votre très-respectueux et dévoué serviteur.

» JEAN-JOSEPH.»

Autre lettre du même à la même

« Vous continuez à m'éviter, et vous n'avez pas répondu à ma lettre. Je vous en supplie, Mademoiselle, songez au désespoir où vous me jetez. Si vous ne voulez pas me laisser une ombre d'espérance, dites-moi : « Je vous déteste, partez ! » Je vous jure que je partirai sans me plaindre, et j'espère que vous n'entendrez plus parler de moi. Mais, au nom du Ciel, au nom de tout ce que vous avez de plus sacré, au nom de votre mère, ne refusez pas un arrêt, quel qu'il soit, à celui qui est pour la vie votre ami le plus entièrement dévoué.

» JEAN-JOSEPH. »

Savez-vous, aimables lectrices et chers lecteurs, où s'est retiré notre amoureux? Je vous le donne en mille. Eh bien ! il soupire et il chasse sur les hauteurs du Coiron, en attendant la réponse de sa belle. Anne, ma sœur Anne, ne vois-tu rien venir ?

Au dernier moment, nous recevons la lettre suivante, qu'il a remise hier, au passage de Les crinet, au conducteur de la diligence de Privas :

A *Monsieur l'Éditeur de la* Nymphe *des Eaux, à* Vals.

« Mon cher Monsieur,

» Rien encore d'Év al Je crois que, si cela dure, j'en perdrai la tête.

» D'ici je vous vois sourire et vous entends murmurer quelque dure épithète à mon adresse.

» Eh bien! oui, si vous le voulez, je suis un sot. Et après? Êtes-vous bien sûr qu'il y ait autre chose que des sots dans ce monde? Et, lors même que je serais plus sot que les autres, si cela me plaît! Si je trouve à cet amour, malgré l'ivraie qui s'y mêle, encore plus de saveur qu'à votre félicité bourgeoise! Qu'avez-vous à dire? Rien sans doute. Que vos amis continuent donc à adorer leur pot-au-feu et leur bonnet de coton ; qu'ils soignent leurs précieuses santés. Moi, je reste sur le Coiron.

» Depuis ce matin, je ne suis pas seul sur ma montagne d'exil. Mon ami Barbelin m'a envoyé son neveu, le fils unique de sa sœur, laquelle avait épousé le dernier rejeton d'une famille historique de vos contrées, celle des marquis de Brison.

» Henri de Brison a vingt-cinq ans. Il est beau, grand, instruit, et d'un extérieur sympathique. Il adore la chasse. C'est pour la chasse, a-t-il écrit à son oncle, qu'il est venu en Vivarais. Son oncle lui a répondu : « Dans » ce cas, va trouver à Vals mon ami Jean-Joseph. C'est » aussi un chasseur de nuages ; sa santé exige le grand » air et l'exercice ; rappelle-le lui de ma part. Les sen- » tiers des montagnes vous seront favorables à tous » deux. »

» Merci, cher docteur, de cette aimable ironie !

» Nous avons fait aujourd'hui une première partie de chasse du côté de la roche Gourdon. Le gibier n'abonde pas ; mais, si nous n'avons tué ni lièvre ni perdrix, nous avons joliment tué le temps. Mon compagnon est un aimable causeur. Je me suis aperçu bien vite qu'il aimait autre chose que la chasse.

» Au bout d'une heure de connaissance, il me dit :

» — N'est-ce pas, cher Monsieur, que ce monde est parfois bien insipide ?

» — Je gage, jeune homme, que vous êtes amoureux ?

» — Vous gagneriez votre pari, me dit-il d'un air gravement mélancolique, qui contrastait avec sa gaieté habituelle.

» — Eh! bien, lui dis-je, il n'y a pas de quoi se désoler, à moins que vous n'ayez affaire à une cruelle (comme c'est le cas... d'un de mes amis), qui n'a pas encore daigné répondre à ses supplications et qui le laisse mourir d'incertitude.

» — Ce cas-là n'est pas le mien, me répondit Henri d'un air dégagé, que je trouvai, à part moi, un peu impertinent.

» — Alors, de quoi vous plaignez-vous?

» — Je ne me plains de personne que de moi-même.

» — Tous les amoureux pourraient en dire autant; car, depuis le déluge et même bien au delà, notre père Adam compris, il est bien constaté qu'aucun d'eux n'a eu le sens commun.

» — Je l'ai encore moins que les autres, car...

» Il hésita.

» — Car?..... dis-je en souriant, pour entraîner sa confidence.

» — Car, reprit-il brusquement, je suis amoureux de deux jeunes filles à la fois.

» — Diable !

» — Toutes deux jolies, charmantes, bien nées, chacune ayant l'étoffe d'une épouse aimable et vertueuse.

» — Peut-être n'êtes-vous réellement amoureux d'aucune?

» — C'est encore possible. Cependant il me semble bien que je les aime toutes les deux. Écoutez.

» L'une habite le bas Vivarais. Mettons qu'elle s'appelle Héloïse. Elle est grande, brune, d'une admirable distinction : toutes les noblesses sont écrites sur sa personne. Mettez-la dans n'importe quelle société de femmes, elle sera naturellement la reine. Il n'est pas un homme qui ne fût fier d'être remarqué par elle. Aux grâces extérieures elle joint toutes les qualités du cœur et de l'esprit. Sa conversation est charmante, et les perles de sa bouche, comme les rayons de ses yeux, permettent d'augurer toutes les félicités de ce monde à l'heureux mortel qui possédera son cœur.

» L'autre est une jeune cousine, élevée dans un village du haut Vivarais. Mettons qu'elle s'appelle Marie. Elle est moins grande et peut-être moins belle et moins spirituelle qu'Héloïse, mais c'est la grâce, la bonté et l'innocence en personne.

» Je comparerais volontiers Héloïse à une rose, et Marie à une violette; et il me semble, quoique cela puisse paraître étrange à ceux qui ne voient que les apparences, qu'entre la plus éclatante des roses et la plus douce des violettes, un honnête homme peut être embarrassé.

» La première de ces charmantes jeunes filles me fascine, mais la seconde me ravit.

» Quand je suis près d'Héloïse, je suis amoureux, fier, ardent; je me crois au-dessus des autres hommes. Quand elle me sourit, — ce qui lui arrive, — je ne changerais pas mon sort pour un empire.

» Quand je suis près de Marie, qui me sourit toujours sans penser à mal, je suis non moins amoureux, mais d'une autre manière : c'est plus calme, plus naturel et plus doux ; il y a moins d'orgueil et plus de bonheur intime.

» Il me semble actuellement que je suis plus amoureux de Marie que de l'autre, et qu'elle me conviendrait mieux pour femme. Mais peut-être cela vient-il tout simplement de ce que je suis ici plus près de chez elle que de chez Héloïse. Avouez, cher Monsieur, que le cœur des hommes est une chose bien mobile, bien volage, bien drôle !

» — D'autant plus drôle, lui dis-je, que je connais des amoureux qui n'aiment qu'une femme, et dont l'amour a encore moins le sens commun que le vôtre.

» — Ah ! contez-moi cela.

» — Une autre fois. Avez-vous confié vos amours à l'oncle Barbelin ?

» — Non, je ne suis pas encore si sot.

» — Merci !

» — Plaît-il ?

» — Continuez, je vous écoute avec un vif intérêt.

» — Je n'ai rien dit à mon oncle, d'abord parce qu'il se moquerait de moi. Je vous dis tout à vous, parce que j'ai deviné que vous êtes moins sceptique. Est-ce que vous n'auriez jamais été amoureux?

» Je trouvai la question un peu indiscrète et encore plus embarrassante. J'essayai de l'esquiver, en feignant d'avoir entendu des gloussements de perdrix.

» — Silence ! lui dis-je, n'avez-vous rien entendu?

» — Non, mais il m'a semblé apercevoir là-bas, derrière cette haie, un autre chasseur.

»Mon compagnon ne s'était pas trompé. Le chasseur sortit de la haie et nous fit signe de ne pas bouger, tandis que son chien fouillait les buissons d'alentour.

» Tout à coup un lièvre jaillit pour ainsi dire de terre et rasa le chasseur, qui, après l'avoir laissé prendre une certaine avance comme pour mieux montrer son adresse, l'abattit d'un coup de fusil merveilleusement ajusté.

» — Voilà, dit Henri, un gaillard qui ne doit pas faire le bonheur du gibier de la contrée!

» L'homme au lièvre me préoccupait. Il me semblait reconnaître ce costume et cette tournure.

» — Ohé! Jédi! criai-je à tout hasard.

» Le chasseur tourna instinctivement la tête; mais il la retourna aussitôt, comme mécontent d'avoir cédé à ce mouvement, et, le lièvre sous le bras, le fusil sur l'épaule, il s'éloigna à grands pas.

» — Vous connaissez ce chasseur? me dit Henri.

» — Je ne sais pas. C'est comme vous avec vos deux dames. Je crois bien le connaître, mais je n'en suis pas sûr.

» — Vous avez tort de me railler, me répondit-il. Je suis sincèrement amoureux d'Héloïse et de Marie; et, comme je sens la nécessité de mettre fin à une situation équivoque, je suis furieux contre moi-même de me trouver encore incertain sur la décision à prendre. Je viens du bas Vivarais avec l'intention de rompre avec Marie; mais déjà je suis plus qu'hésitant, et il n'est pas impossible que, dans quelques jours, j'y retourne pour rompre avec Héloïse. On joue au ballon avec mon pauvre cœur, que se rejettent les raquettes du haut et du bas Vivarais. Il est bien entendu que les deux jeunes filles ne se doutent de rien.

» — Heureusement, ou malheureusement pour vous; car je suppose que, si elles le savaient, chacune des deux mettrait bien vite fin à vos incertitudes... en vous donnant congé.

» Nous étions arrivés sous la roche Gourdon, cette magnifique épave basaltique perchée sur le plus haut sommet de Lescrinet, comme un impérissable trophée des victoires du Feu. La fantaisie nous prit d'y monter, et nous en fûmes récompensés par le spectacle d'un splendide coucher de soleil à travers les derniers pics phonolithiques du Vivarais, plantés comme autant de bornes colossales entre l'Auvergne et l'ancienne Helvie. Le Mézenc, le point le plus élevé des Cévennes, dominait de sa hauteur et de sa masse énorme toutes les cimes environnantes: on eût dit un roi au milieu de ses courtisans, tous empourprés par le soleil couchant. Le Gerbier-de-Jonc, à sa droite, inclinait son chef pointu comme pour lui dire : La nuit vient, sire ; vous pouvez vous coucher.

» La même pensée nous vint à tous deux, en admirant ce spectacle : Si nous allions au Mézenc !

» Quand vous recevrez cette lettre, mon cher Éditeur, nous serons en route pour ces hautes régions.

» Recevez les compliments de votre affectionné

» JEAN-JOSEPH. »

VII

Un orage sur le Mézenc

Cette semaine, Jean-Joseph a reçu le billet suivant ;

Monsieur,

Peut-être ai-je tort de vous répondre : si je me trompe, Dieu aura égard à ma bonne intention. Je ne mets pas

en doute la sincérité et la loyauté de vos sentiments;
mais des raisons qu'il ne m'est pas permis de vous révéler m'empêchent absolument de vous laisser la moindre
espérance. Je suis touchée de vos douleurs, et je prie
Dieu qu'il vous rende au plus tôt le calme dont vous pa-
raissez avoir besoin.

Je vous prie d'agréer, Monsieur, avec l'assurance de
mon estime, l'expression de mes vœux les plus sincères
pour votre bonheur.

ÉVA.

Réponse de Jean-Joseph

Mademoiselle,

Soyez bénie pour la bonne inspiration qui a dicté votre
lettre. Je l'ai relue cent fois, et je la porterai toujours
sur mon cœur. La rigueur de vos paroles ne m'empêche
pas de reconnaître en vous le noble cœur que j'avais
rêvé. Permettez-moi de ne pas y voir tout à fait la con-
damnation de mes espérances. Je vous aime plus que
jamais. Je ne vous dis pas adieu, mais à bientôt. Je mets
à vos pieds, Mademoiselle, l'expression de mes sentiments respectueux et profondément dévoués.

JEAN-JOSEPH.

Lettre de Jean-Joseph à l'Éditeur

Mon cher Éditeur,

Il s'en est fallu de peu que notre roman finît hier d'une

façon vulgaire. Le bon Dieu veut, à ce qu'il paraît, me conserver pour vos abonnés. Écoutez le récit de nos aventures.

C'était hier samedi. Vous n'êtes pas sans savoir, à Vals, que le vent, la pluie et le tonnerre, en ont profité pour faire un beau sabbat sur la montagne.

La veille au soir, nous étions arrivés à l'ancienne chartreuse de Bonnefoy, dont les ruines sont au pied du Mézenc, et nous avions trouvé une cordiale hospitalité chez les braves gens qui habitent la partie la moins détériorée de l'édifice.

Hier, au point du jour, nous étions sur pied, Brison et moi, pour faire l'ascension du géant des Cévennes.

La fermière nous arrêta sur le seuil et nous dit : Vous feriez bien, mes beaux messieurs, de rester.

— Pourquoi?

— Parce qu'il se prépare un grand orage, et qu'il ne fait jamais bon, sur ces montagnes, d'être dehors en pareille occurrence.

— C'est singulier, dis-je. Le temps est si clair, quoique un peu lourd. Qui donc prédit l'orage ici?

La fermière nous montra un chasseur qui se tenait debout à quelque distance, en interrogeant l'horizon du côté du Rhône.

— On dirait le Roi des braconniers, dis-je à Brison.

— C'est lui-même. Il nous a donc suivis depuis le Coiron !

Nous allâmes vers lui.

— Bonjour, Jédi.

— Bonjour, jeunes gens. Que voulez-vous ?

— Est-il vrai qu'il y aura un orage aujourd'hui ?

— Oui, suivez-moi.

Nous marchâmes ensemble jusqu'à un endroit d'où nous dominions complétement le Vivarais et la vallée du Rhône.

Le Roi des braconniers étendit la main vers les Alpes, dont nous pouvions au loin, dans les blancheurs de l'aube, soupçonner les cimes neigeuses.

— Voyez-vous là-bas, dit-il, ces nuées basses qui viennent du midi en remontant le Rhône ? Eh bien ! quand le midi donne et que la bise [1] ne souffle pas au Mézenc, on peut être sûr de l'orage. Avant que le soleil soit levé, les vapeurs venues de la mer nous auront dérobé les Alpes, et la foudre grondera sur le Dauphiné. Le vent de la traverse [2] portera ensuite la tempête de notre côté.

L'aube, vue du Mézenc, présentait un spectacle d'une magnificence extraordinaire. C'était comme un fond d'or éclatant, sur lequel se détachaient, en dentelures blanches et bleues, les Alpes dauphinoises. Aussi, tout en écoutant le Roi des braconniers et en pensant bien qu'il avait en ces matières une expérience qui nous manquait, n'accordions-nous qu'une faible attention aux nuages qu'il nous montrait rampants au-dessus du Rhône.

— Je savais l'approche de l'orage, continua le Roi des braconniers, avant de sortir de la fenière où j'ai passé la nuit. Depuis plus d'une heure, les coqs de la ferme chantent d'une façon particulière, en secouant fortement les ailes. Vous qui n'avez pas commerce avec les créatures du bon Dieu, vous avez dit probablement : Au diable les coqs ! Moi, je me suis dit : Tiens ! les coqs sentent qu'il

[1] Vent du nord.
[2] Vent du sud-est.

se passe quelque chose d'extraordinaire dans l'air. Je me suis levé; j'ai trouvé dans la cuisine les chiens tout somnolents et les chats tournant le dos au foyer en se nettoyant la face. Diable! ai-je pensé, c'est sérieux, car les astrologues à poil sont du même avis que les astrologues à plumes. En sortant de la ferme, le berger m'a dit : Il y aura du nouveau aujourd'hui ; mes moutons se font tirer l'oreille pour sortir, l'âne a secoué les oreilles en brayant, les canards font plus de bruit qu'à l'ordinaire. Qu'en dites-vous, Jédi ? — Ne vous écartez pas, ai-je répondu, et rentrez bien vite dès que les nuages auront atteint le pic de la Champ-Raphaël. Une fois dans la prairie, j'ai aperçu d'autres indices de pluie et d'orage : j'ai rencontré des crapauds qui auraient déjà dû être rentrés au logis. Entendez-vous ces légions d'oiseaux qui s'appellent en criant et se rassemblent sur le hêtre voisin? Je me suis rappelé qu'hier soir plusieurs chauves-souris étaient entrées dans le monastère en criant. Maintenant j'aperçois les nuages étendus sur le Rhône comme un linceul gris, et cette vue m'explique tout le reste. Vous entendrez tout à l'heure, mes jeunes gens, la musique du bon Dieu. Si vous m'en croyez, rentrez à Bonnefoy.

— Vous êtes un terrible observateur, Jédi ; mais vos prédictions ne nous effrayent pas. Rien ne nous sera plus agréable que le spectacle d'un bel orage sur la montagne.

— On n'a pas tous les jours de pareilles aubaines, dit Brison. Aussi prendrons-nous les premières loges pour mieux jouir du spectacle. Nous irons le contempler du haut du Mézenc.

— C'est cela, m'écriai-je.

— Vous êtes fous! répartit vivement le Roi des braconniers. Si l'orage atteint le Mézenc, vous êtes perdus! Pas de refuge là-haut, et il n'est jamais bon de se coudoyer avec la foudre. Restez ici; il y fera encore assez chaud.

— Il est possible, dit Brison, que nous soyons fous; mais ce qui est dit est dit, nous montons sur le Mézenc. A ce soir, Jédi! Nous vous raconterons, si vous êtes encore ici, nos impressions de théâtre.

Le Roi des braconniers secoua la tête.

— Allez au diable! dit-il, si ça vous convient.

Et il nous tourna le dos.

Le Mézenc est une montagne placée sur un plateau de montagnes déjà fort élevées [1]. Ce plateau est couvert de neige cinq ou six mois de l'année. Quant au Mézenc, il garde souvent son bonnet blanc pendant neuf mois. Les grands arbres s'arrêtent à ses pieds, et, en

---

[1] Le plateau cévenol, dans ces parages, a une élévation moyenne de 1,200 mètres.

Voici les altitudes des divers pics :

Le Mézenc, 1,774 mètres ; le Gerbier-de-Jonc, 1,575; l'Alambre, 1,560; le Grand-Lerous, 1,518 ; Toupernas, 1,503; Cherchemus, 1,486; le Suc-de-Bauzon, 1,476; le Signoux, 1,465; Testenoire, 1,447; la Sagnette, Chaulet et la Clède, 1,420; le Clapas, 1,412. Le Tanargue, qui est le point le plus élevé de la chaine, dans l'arrondissement de Largentière, en a 1,528.

Comme points de comparaison, nous ajouterons que la Roche-Gourdon n'a que 1,070 mètres ; le col de l'Escrinet, 805, et la ville d'Aubenas, 322.

La plus haute montagne de l'Europe est le mont Blanc, qui a 4,810 mètres. Le mont Ventoux en a 1,909.

(*Note de l'Éditeur.*)

fait d'arbustes, il n'y a guère que l'airelle-myrtille et le
framboisier qui puissent vivre sur ses flancs et dans ses
ravins.

Les pics du plateau cévenol sont le résultat d'éruptions
trachytiques ou phonolithiques de beaucoup antérieures
aux coulées basaltiques du bas Vivarais.

Les trachytes et les phonolithes sont sortis comme de
gigantesques champignons à travers les ruptures du gra-
nit, et ont formé des couches concentriques qui se sont
superposées en recouvrant la montagne de leur épais
manteau. Le phonolithe est une roche dure, lourde et
sonore. Il y en a de feuilletés qui servent aux montagnards pour la toiture de leurs maisous.

Fort heureusement, grâce à la pente douce du versant occidental des Cévennes, de vertes prairies et de
belles cultures ont partout recouvert la couche volcanique; tandis que, sur le versant opposé, les eaux pluvia-
les ont emporté les terres en créant cette ligne de pré-
cipices qui donnent une si triste idée du Vivarais, quand
on y entre, j'allais dire quand on s'y précipite, de ce
côté.

Rien de plus saisissant en été que la vue de ces grands
cônes ou dômes noirs, se détachant sur le plateau vert.

En hiver, quand la neige commence à fondre sur le
plateau, mais persiste sur les hauteurs, tous ces pics
prennent l'aspect de colosses bizarrement accoutrés
dans leurs vêtements blancs ; on dirait les gigantesques
gardiens de la montagne. Aussi l'habitant de ces hautes
contrées leur attribue-t-il une véritable personnalité : ce
sont pour lui des camarades, presque des amis. Quand
il descend en Vivarais, en Dauphiné ou en Provence,

il peut encore, en les saluant de loin, retrouver le pays natal. Il connaît leurs habitudes relativement aux vents et à la pluie. Le fermier de Bonnefoy nous les avait tous montrés et nommés la veille avec un certain orgueil, comme il aurait pu nous montrer ses troupeaux, en ayant l'air de nous dire : « En voilà de gaillardes montagnes ; on n'en voit pas comme ça chez vous ! »

Il nous avait fait admirer la Clède placée en faction près du Mézenc, comme un gigantesque menhir à côté d'un immense dolmen ; puis les autres satellites du Mézenc, qui sont Testenoire, le Signoux et l'Alambre.

Plus loin, le Gerbier-de-Jonc tient une cour rivale dans le cercle irrégulier que forment autour de lui Toupernas, la Sagnette, le Rudel, le Clapas, et d'autres dont j'ai oublié les noms.

Au midi, Cherchemus, le plus élevé des volcans vivarois, baigne ses pieds dans le lac d'Issarlès et semble un éclaireur lancé sur la crête des Cévennes ; tandis que, plus à l'est, le Suc-de-Bauzon penche sur le Vivarais sa tête brûlée, comme pour mieux écouter ce qui s'y passe.

Le Mézenc, à en juger par la forme conique des montagnes environnantes, devait être primitivement beaucoup plus élevé. Les éléments, ces grands niveleurs de la nature, lui ont coupé la tête, et de rival du mont Blanc l'ont réduit à la taille encore respectable de tambour-major des Cévennes.

Le Mézenc a la forme d'une immense selle de cheval. Son sommet carré offre deux pointes. Sur la pointe nord on a élevé une croix de pierre avec gradins. Son flanc nord est couvert d'un taillis de hêtres, taillis bas, régulier, émondé sans cesse par le vent ; partout la cendre d'un beau rouge s'effrite sous la gazon. Son flanc sud présente la plus riche station botanique que l'on connaisse et réunit toutes les espèces rares de la chaîne. Jusqu'au sommet, où l'on peut monter à cheval du côté de l'ouest, tout est couvert de fleurs et de plantes rares.

Mais, du côté du Vivarais, le Mézenc présente l'aspect d'une haute muraille abrupte, menaçante, inabordable. Au sud-est, on dirait que la terre a voulu se dérober sous lui ; il y a là un monstrueux enfoncement, qu'on appelle l'abîme des Cluzels.

Nous fîmes naturellement l'ascension par le côté opposé. Partis de Bonnefoy vers quatre heures, nous étions à six heures au sommet, non sans regretter beaucoup de n'être pas partis plus tôt, afin de contempler du haut de la montagne le lever du soleil.

Dans cet intervalle, le ciel et l'atmosphère avaient singulièrement changé d'aspect. L'air, toujours si vif dans ces hautes régions, était d'un calme effrayant, lourd et chargé d'électricité. Les nuages montaient à grande vitesse dans les gorges du Vivarais, comme des bataillons de turcos à l'assaut d'une forteresse.

Le Coiron, le Tanargue, la montagne de Ste-Marguerite et toute la basse chaîne des Boutières, avaient successivement disparu sous la marée montante des nuages, qui battait déjà les pieds du Suc-de-Bauzon, et par le col de Mézilhac débordait dans la vallée de l'Erieux.

Un mugissement solennel s'élevait des montagnes disparues. De sourds grondements de tonnerre se faisaient entendre dans la direction du Rhône et donnaient l'idée d'un grand orage sous-marin.

Le soleil, que nous avions en face, éclairait cette immense nappe de vapeurs et y produisait des effets fantastiques.

Nous eûmes alors le plus étonnant comme le plus magnifique des spectacles : celui d'une véritable bataille entre les armées de nuages orageux qui couvraient tout le versant oriental des Cévennes et la vallée du Rhône.

Ces nuages montaient des vallées et s'abordaient au sommet des montagnes, avec d'horribles détonations.

Il y en avait de noirs, de blancs, de gris et de roussâtres. On eût dit qu'ils étaient animés de toutes les passions humaines ; car ils se cherchaient, se tordaient, se traversaient en faisant feu de toute leur artillerie, jusqu'à ce qu'ils fussent confondus dans l'immense océan gris, foyer et réceptacle de toutes les tempêtes. Parfois un nuage blanc apparaissait tout à coup, après l'éclair, sur le rideau gris, comme la fumée du canon.

Pendant une heure, l'océan nuageux se tint à la hauteur du plateau cévenol, et nous pûmes croire qu'il n'atteindrait pas le Mézenc.

Nous parcourûmes le sommet de la montagne, dont je fis remarquer à mon compagnon la végétation alpestre : les gentianes, les lys martagons, la soldanelle aux pétales frangées, et surtout les belles anémones.

Puis nous nous assîmes sur la pointe la plus élevée et fîmes honneur à nos provisions étalées sur l'herbe.

Autant il y avait de tumulte au-dessous de nous en Vivarais, autant le Mézenc lui-même était calme. L'orient s'était voilé et le soleil avait disparu, mais le ciel était resté bleu au-dessus de nos têtes, et, dans tout le bassin de la Loire, on ne devait pas même soupçonner les bouleversements atmosphériques de la vallée du Rhône.

Fiers de la hauteur de notre observatoire, nous considérions sans inquiétude tout ce qui se passait à nos pieds. Comme ces grands politiques qui s'imaginent pouvoir toujours dominer les passions populaires imprudemment déchaînées, nous pensions rester jusqu'à la fin au-dessus de l'orage.

Mais bientôt il fallut renoncer à cette illusion. Les nuages, ayant inondé le plateau, s'enroulèrent comme d'immenses reptiles autour du Gerbier et de ses satellites, et ne tardèrent pas à former à chacun d'eux une épaisse couronne de nuages noirs, que nous vîmes ensuite se précipiter en se foudroyant les uns les autres avec furie.

Nous dominions encore l'orage, mais il était évident que nous allions nous trouver dans la mêlée. Les oiseaux de nuit, sortis de leurs retraites, s'ébattaient sur ce nouvel océan comme les goëlands sur la mer. L'Auvergne était maintenant submergée comme le Vivarais. Les pics les plus voisins commençaient à se voiler. Il y avait encore un peu de ciel bleu vers l'ouest, mais un gros de nuages noirs accourait du côté d'Issarlès pour nous couper cette issue, comme si l'esprit des tempêtes eût craint que nous eussions des ailes pour lui échapper.

Tout à coup, bien que nous fussions encore un peu au-dessus de la région où l'orage sévissait, un serpent de feu jaillit avec fracas du côté du Vivarais, et, d'un bond énorme, accompli avec ces zigzags spéciaux à la foudre, sauta sur l'Auvergne en rasant le Mézenc et en nous faisant éprouver une vive commotion.

Après un moment de stupeur, Brison, regardant autour

de lui, me dit : « Voilà un saut qui ferait mourir de chagrin le meilleur acrobate de l'Hippodrome ! Voilà une
musique qu'on n'imitera jamais à l'Opéra. Mais, mon
cher, vous ne vous êtes pas aperçu du tour : la foudre a
chipé nos fusils. »

Nos fusils, que nous avions déposés à quelque distance par terre, avaient en effet disparu.

L'inquiétude commençait à nous saisir, et nous cherchions des yeux le chemin par lequel nous étions arrivés
au sommet de la montagne.

Soudain une figure humaine surgit à quelque distance
de l'endroit où nous étions : c'était Jédi. Son chien le
suivait.

Il nous fit signe de venir vers lui, et nous nous em-
pressâmes d'obéir.

— Je craignais, dit-il, de ne pas vous retrouver vi-
vants. Venez vite ; peut-être pourrai-je encore vous
sauver.

Il nous conduisit rapidement, en s'orientant sur la
Clède, le seul des pics voisins dont la tête fût restée
visible, et nous fit descendre par un sentier qui me rappela
ceux de Païolive, sur une sorte de terrasse située à cent
mètres environ du sommet et placée comme un balcon
sur l'abîme des Cluzels.

— Attention ! dit-il, je vais tâter le pouls à l'orage.

Il ébranla de ses puissantes mains un énorme bloc
détaché de la roche, et le fit rouler dans le gouffre de
vapeurs blanches d'où n'émergeait plus qu'à moitié la
masse noire du Mézenc.

On eût dit un baril de poudre jeté dans un brasier.
Un éclair épouvantable, suivi instantanément d'un ter-

rible coup de tonnerre, accueillit au fond de l'abîme l'envoi de Jédi.

— Dépêchons-nous, dit le Roi des braconniers, le temps presse. Dans quelques minutes, la foudre battra le Mézenc comme on bat le blé, et malheur à l'être vivant qui se trouvera sous le fléau !

En même temps, il nous fit tourner les yeux au sud-ouest, dans la direction de la haute vallée de l'Ardèche.

Un nuage menaçant s'avançait de ce côté avec une rapidité prodigieuse, en grossissant à vue d'œil. Il était noir, avec des veines blanches et des stries sanglantes. On eût dit un de ces monstrueux dragons ailés qui figurent dans les récits antiques.

Quand il fut à la hauteur du Gerbier-de-Jonc, il semblait aussi grand que le Mézenc lui-même.

C'était une montagne d'eau et de feu qui venait se heurter à la montagne de pierre.

— Vite ! vite ! dit le Roi des braconniers.

Il s'élança vers le rocher, et, écartant avec son bâton d'épaisses touffes de framboisiers et de daphnés des Alpes qui en masquaient la base, il nous montra une ouverture naturelle où son chien pénétra le premier, non sans avoir donné quelques marques d'appréhension.

Deux aigles noirs sortirent, presque en même temps, par une crevasse voisine donnant sur l'abîme.

— C'est ici l'aire de l'aigle, dit Jédi. Suivez-moi.

Nous pénétrâmes dans une cavité naturelle assez spacieuse, semée d'ossements, de branches d'arbre et de fientes d'oiseau.

— J'ai regretté, dit Jédi, de mettre nos hôtes dehors par un temps pareil ; mais il n'était pas juste qu'ils fus-

5*

sent mieux placés que des chrétiens. D'ailleurs, l'aigle a des ailes pour dominer l'orage ou le fuir, et nous n'en avons pas.

L'orage fut bientôt dans toute sa force. A chaque instant d'horribles éclairs donnaient à la large crevasse par où avaient fui les aigles l'aspect d'une fournaise. Le tonnerre éclatait presque sans discontinuer sur le sommet du Mézenc, et nous pouvions nous croire au fond de la cale d'un navire de cent canons, pendant un combat naval.

Dans les intervalles où le tonnerre lui laissait la parole, le Roi des braconniers, quoique peu causeur, nous raconta que cette caverne, avant d'échoir à l'aigle du Mézenc, avait servi de retraite, pendant la Révolution, à un moine de Bonnefoy, nommé dom Grégoire, qui, bravant le froid et toutes les intempéries, n'avait guère passé de dimanche, pendant la belle saison, sans célébrer la messe sur le sommet de la montagne, au milieu de tous les campagnards des paroisses environnantes· Comme ceux-ci ignoraient l'existence de la caverne, l'apparition constante de ce religieux chaque dimanche malgré les cordons de milice établis à diverses reprises aux abords du Mézenc, lui avait donné un certain cachet de surnaturel qui était loin de nuire au succès de ses prédications.

— Ce bon religieux, continua Jédi, avait une grande affection pour moi, bien que je ne fusse alors qu'un assez mauvais garnement, querelleur et vagabond. Il voulait me convertir, mais nous ne pûmes jamais nous entendre sur des points essentiels. Quand il me disait : « Ne faites pas à autrui ce que vous ne voudriez pas qu'on vous fît

à vous-même », nous étions d'accord. Mais quand il ajoutait : « Il faut rendre le bien pour mal », je me révoltais
et je répondais : « Ça n'est pas naturel, dom Grégoire, et,
d'ailleurs, ça n'est pas possible. Je ne ferai jamais de mal
à quelqu'un qui ne m'en fera pas, mais gare aux autres !»

Dom Grégoire finit par reconnaître qu'il serait aussi
facile de faire pousser un olivier sur le Mézenc que de
faire pénétrer dans mon esprit cette partie de la morale
évangélique, et il se contenta de dire : «Mauvaise tête,
bon cœur ; respectons les décrets impénétrables de la
Providence. »

Nous restâmes ainsi deux heures secoués par la tourmente, éblouis par les éclairs et assourdis par les éclats
de la foudre.

Cependant l'orage finit par se calmer. Le temps s'é-
claircit peu à peu, et le maestro du tonnerre transporta
son orchestre en Auvergne.

Nous sortîmes de notre retraite et remontâmes au
sommet du Mézenc.

Un splendide arc-en-ciel s'était formé entre le Gerbier
et le Suc-de-Bauzon. Le vent soufflait fortement du sud-
est, et bientôt il eut balayé le bassin du Rhône de tous
les nuages qui l'encombraient. Un admirable panorama se
déroula sous nos yeux. A l'océan de vapeurs avait suc-
cédé un océan de lumières, baignant le plus accidenté
de tous les pays de France. Le Vivarais entier était sous
nos pieds, avec ses montagnes rouges, vertes ou pelées,
formant un assemblage assez heurté et confus : on eût
dit l'océan en fureur, la nuit. La ligne des Alpes, très-
belle, mais très-lointaine, se déployait du mont Blanc au
mont Ventoux.

Par contre, la vue était splendide vers le sud et
l'ouest.

Au sud-ouest, Cherchemus et le lac d'Issarlès, un gouffre d'azur et les longues lignes cendré pâle, bleu de
lumière, des Cévennes et du Gard : le tout enveloppé
dans cette fine gaze de vapeurs claires qui s'exhale toujours des terres échauffées après les pluies d'orage.

De ce côté, ce n'est plus le sombre Vivarais : c'est
l'éclatant Midi. L'œil ne rencontre plus de barrières que
celles de sa propre faiblesse. Les aigles du Mézenc doivent apercevoir la Méditerranée.

Au nord-ouest, le spectacle est incomparable, unique
au monde.

D'abord une série descendante de ravins profonds,
noirs et brûlés, où la lave bouillante a fait rage.

Au delà, la ville du Puy tout entière, la plus pittoresque de France, avec ses dikes et ses monuments noirs,
et le rocher de Polignac, chargé de son énorme donjon.

Au delà encore, les cratères d'Auvergne, séries de cu-
ves rouges assises dans la brume, où elles s'échelonnent.
A l'extrémité de l'horizon, comme des ombres bleues, le
mont Dore et le Puy-de-Dôme.

On embrasse ainsi au Mézenc toute la région volcanique
du Puy-de-Dôme au Chenavari, du donjon de Polignac
au château de Rochemaure.

Si ces pittoresques castels, perchés tous deux au sommet d'un jet de lave solidifiée, pouvaient se voir, ils
seraient jaloux l'un de l'autre.

— Voilà, dit Brison, qui nous dédommage bien des appréhensions de tout à l'heure.

Le Roi des braconniers étendit la main sur le Vivarais,

comme sur le Midi et sur l'Auvergne, et se borna à dire philosophiquement :

— Que de vanités dans ces taupinières !

Avant de quitter le sommet du Mézenc, je cueillis une petite gentiane bleue, destinée à Éva ;

Fleur des cimes et fleur des orages, tu diras à ma bien-aimée qu'au moment où le tonnerre grondait le plus fort, où le danger était le plus grand, c'est à elle que je pensais!

Peu après nous étions à Bonnefoy, où l'on était très-inquiet sur notre compte.

Après y avoir fait une légère collation, Brison me dit :

— Adieu, je descends à St-Martin, d'où j'irai voir ma gentille cousine Marie.

— Est-ce pour rompre avec elle ?

— Au contraire, c'est pour demander sa main. J'ai pris une résolution cette fois ; par exemple, je ne sais pas trop pourquoi, si ce n'est que la fatigue, l'orage, le danger, le spectacle des existences modestes de ces montagnes, m'ont peut-être fait songer qu'il valait mieux avoir pour compagne une femme simple, douce et aimante, comme Marie, qu'une grande dame comme Héloïse. Et puis, je remarque que j'ai souvent pensé à Marie pendant l'orage du Mézenc, et jamais à Héloïse. Est-ce bien cela? est-ce autre chose? Au fond, je n'en sais rien. Le cœur humain est un vrai Polichinelle. Le fait est que Polichinelle en ce moment est bien décidé à rompre avec Héloïse, pour revenir se jeter aux pieds de Marie. N'en dites rien à l'oncle Barbelin. Et à bientôt.

Sur ces paroles, et après nous avoir donné une bonne

poignée de main, il s'en alla par la route de St-Martin, tandis que nous prenions, Jédi et moi, le chemin des Usclades, village situé à trois heures du Mézenc, sur la route de Montpezat.

Je clos ici, mon cher Éditeur, cette lettre que je viens de vous écrire à mon arrivée aux Usclades.

À demain la suite, à moins que je ne vienne moi-même vous en faire le récit de vive voix à Vals.

Mes compliments respectueux à Madame. Priez-la d'excuser, ainsi que toutes vos aimables abonnées, ces digressions sans fin, qui peut-être ne les amusent guère. L'homme s'agite, et Dieu le mène.

Bien à vous.

JEAN-JOSEPH.

VIII

Rose Chabal

L'Éditeur de la Nymphe des Eaux *à ses lectrices et à ses lecteurs*

Jean-Joseph est revenu depuis deux jours à Vals. Nous avons reçu de lui plusieurs communications que nous nous voyons encore dans la nécessité d'écourter ou de supprimer. Les amoureux sont incorrigibles.

A peine arrivé aux Usclades, Jean-Joseph envoya à sa belle la petite gentiane bleue cueillie sur le Mézenc, avec un billet qui débutait ainsi :

« Mademoiselle, j'ai cueilli pour vous cette fleur sur le Mézenc. Elle est l'emblème des sentiments d'affection et d'espérance que rien ne pourra arracher de mon cœur. Convervez-la au moins en souvenir des souffrances que m'a occasionnées la cruelle incertitude où vous me laissez, etc., etc. »

Nous ne pouvons donner ici la réponse de Mlle Éva, par une bonne raison : c'est qu'elle n'a pas répondu.

Nous voulions également supprimer un long récit de Jean-Joseph sur son séjour et ses impressions aux Usclades, comme une digression tout à fait inexcusable; mais la silhouette intéressante qu'il contient d'une famille de paysans, et aussi la crainte que cet épisode ne vînt plus tard se rattacher au sujet, nous ont décidé à lui donner place dans nos colonnes. Nous prions nos lectrices et nos lecteurs de prendre patience, et nous laissons la parole à notre jeune ami.

* *

Mon cher Éditeur,

Je vous avais promis un roman; mais, si cela continue, vous en aurez deux. Il semble en effet que, dans ce singulier pays, il n'y ait qu'à frapper du pied pour faire sortir des situations et des types romanesques. J'ai trouvé aux Usclades, sans y penser, l'ébauche d'une histoire encore plus dramatique que la mienne. Cette histoire n'est pas d'hier, et plusieurs personnages ont disparu; mais ces circonstances mêmes lui donnent encore plus d'intérêt et un caractère en quelque sorte légendaire.

Laissez-moi d'abord vous dire que, du Mézenc aux Usclades, j'essayai vainement de faire causer Jédi.

— Vous souvenez-vous, lui dis-je, de notre première rencontre, il y a quelques jours, au bois de Païolive ? Votre brusque apparition fit pousser un cri de surprise à une jeune dame.

— J'étais, en effet, récemment au bois de Païolive ; mais je ne tiens pas registre des personnes que je rencontre et des cris de surprise que ma présence peut faire pousser aux dames jeunes ou vieilles.

— Vous avez joliment bien abattu un lièvre sous nos yeux, près de la Roche-Gourdon.

— J'abats encore mieux les loups. Mais il n'y en aura bientôt plus de ce côté que dans les parages inaccessibles du Gerbier-de-Jonc, et ils n'en sortent guère qu'en hiver, quand la montagne est impraticable.

— Je n'oublierai jamais, Jédi, ce que vous avez fait aujourd'hui pour Brison et pour moi. Nous vous devons la vie.

— J'en aurais fait autant pour tout autre.

— Cela vous fait honneur, mais cela ne diminue en rien notre dette.

Aux Usclades, je voulais aller à l'auberge.

Le Roi des braconniers se mit à rire : On voit bien, dit-il, que vous ne fréquentez pas la montagne. Les auberges sont inconnues dans ce pays, et il n'y a pas d'autre chambre à coucher que les étables ou les greniers à foin ; mais, soyez tranquille, nous allons chez mon ami Chabal. Nous mangerons en famille un lièvre que j'ai tué ce matin, et nous coucherons dans son foin, qui est le plus parfumé du pays.

Nous fûmes reçus à bras ouverts chez l'ami du Roi des braconniers.

Pierre Chabal est un honnête cultivateur, en qui je trouvai tout de suite le type du paysan honnête, travailleur et religieux, des montagnes cévenoles.

Chabal fait vivre sa nombreuse famille du produit de son petit domaine. Il a quelque bétail et récolte du blé, des raves et des pommes de terre. Quand le bétail réussit, il y a un peu d'aisance dans la maison. Mais parfois les bêtes meurent de froid ou de maladie ou sous la dent des loups, et alors la gêne règne toute l'année dans la hutte du montagnard.

Chabal est constamment occupé à ses travaux des champs, autant du moins que la saison le permet ; car Usclades est un des points habités les plus élevés du Vivarais, et la neige y tombe parfois si abondamment qu'elle tient les gens emprisonnés deux et trois mois dans leurs demeures. Chaque famille se met alors à creuser sa voie vers l'église; les communications se rétablissent assez rapidement dans l'intérieur du village ; mais ceux qui habitent les maisons écartées doivent se résigner à vivre des mois entiers dans l'isolement et sans autres ressources que celles dont ils ont eu la précaution de se munir. Il a été souvent question, à cause de ces ouragans de neige, de transporter l'église au hameau situé plus bas, à l'endroit où la Loire fait ce coude qui lui a valu le nom de *Rieutort*.

Les femmes de la montagne font de la dentelle, quand la neige les claquemure au logis. Dans la belle saison, elles aident aux travaux des champs et s'occupent spécialement de la garde des troupeaux.

C'était le samedi soir. Toute la famille du montagnard était réunie autour de la grande table rectangulaire placée au milieu de la hutte, ce qui veut dire que, outre Chabal et sa femme, outre Jédi et moi, il y avait les trois filles du paysan, dont la plus jeune avait dix ans, et un petit garçon de sept ou huit.

Près de la mère se trouvait une place vide que je m'attendais toujours à voir occuper, mais personne ne vint. Cette place vide était parlante. Elle me préoccupait, et je fus un moment sur le point de demander à qui elle était destinée ; mais Jédi, qui lisait sans doute dans ma pensée, me fit comprendre d'un coup d'œil que c'était un sujet à éviter.

On causa de la chasse, du temps et des récoltes, de la rareté de l'argent et des gros intérêts qu'il faut, dans les campagnes, payer aux prêteurs.

— Y a-t-il longtemps que Marcellin n'est venu par ici? dit le Roi des braconniers.

—Sainte Vierge! dit la femme Chabal, voilà une figure qui m'a souvent empêchée de dormir.

— Ne te tourmente pas, ma pauvre vieille, dit le montagnard. Avec le temps, la santé et les bonnes années, nous finirons par nous acquitter envers lui.

— Tu es trop bon enfant, Chabal, lui répondit sa femme. Marcellin t'a par trop exploité. Avec tout ce que tu lui as donné, nous devrions depuis longtemps être quittes.

— Ce n'est pas avec de la monnaie plate, murmura Jédi, qu'il faudrait s'acquitter avec les usuriers. Au reste, je suis là, mon brave Chabal, et je saurai bien un jour te tirer de ses griffes maudites.

— Tais-toi, Jédi ! je n'aime pas ces menaces, même vis-à-vis de coquins comme Marcellin. Je sais bien qu'il m'a volé ; mais j'espère, avec l'aide du bon Dieu, me sortir d'affaire. Et, d'ailleurs, crois-tu qu'avec tous ses écus il soit plus heureux que moi ? Je dors en paix avec ma misère, et je suis sûr qu'il n'en fait pas autant avec sa richesse.

— Ce serait vrai, dit Jédi, s'il avait une conscience ; mais les usuriers n'en ont pas.

Après souper, on fit le rond autour du foyer. Il y avait encore près de la mère une place vide.

Tandis que je faisais causer les enfants, j'entendis Chabal dire à sa femme, avec des larmes dans la voix :

— Il y aura demain six ans !

— Oui, répondit la femme en sanglotant, six ans qu'elle est partie et qu'on ne l'a plus revue !

— Patience ! dit le montagnard. Le bon Dieu a bien autant souffert que nous sur le Calvaire.

La femme fit instinctivement un signe négatif, mais prit aussitôt un air résigné.

— Je vous dis qu'elle est vivante et que vous la reverrez, dit Jédi d'un ton grave.

Quand la soirée fut plus avancée, une des jeunes filles dit tout haut la prière du soir. Puis chacun se retira : la famille Chabal, dans des espèces de cabines placées sur les côtés de la hutte, et nous dans la fenière placée au-dessus de l'étable.

— Bonne nuit, jeune homme ! dit Jédi en s'étendant à la place qu'il s'était préparée.

— Pas encore, lui dis-je. Je vous déclare qu'il me sera impossible de dormir, si vous ne satisfaites pas auparavant ma curiosité. Pourquoi cette place vide à table et autour du foyer? Il est évident que ces braves gens ont perdu une personne qui leur était chère, une fille sans doute.

— Vous avez deviné, fit le Roi des braconniers.

— Elle n'est pas morte, car vous leur avez dit qu'ils la reverraient un jour.

— C'est vrai. J'espère que Dieu leur rendra cette enfant. Ah! jeune homme, vous me mettez sur un sujet bien douloureux. C'est la seule histoire que je ne puisse pas me rappeler sans émotion, bien que je trouve une sorte de joie amère à la raconter. Écoutez-moi donc.

Rose Chabal, la fille aînée de mon vieux camarade et ma filleule, est née la première année du mariage de son père. Elle aurait aujourd'hui vingt-trois ans. A dix-sept ans, c'était la fille la plus jolie et la plus sage de la paroisse et de toute la montagne. Son père et sa mère en étaient fiers, et moi aussi. J'avais fait sauter cette enfant sur mes genoux; je l'avais vue croître. Vous ne savez pas ce que c'est que d'avoir vu croître un enfant, d'avoir pris part à toutes ses petites souffrances, d'avoir joui de ses gentillesses, d'avoir eu ses caresses. Cela crée des liens aussi forts que ceux du sang. Rose était pour moi toute une famille. J'aurais donné mille fois mon sang pour elle. Quand elle était ici, je n'aurais jamais passé une semaine sans venir aux Usclades. Maintenant, je passe des mois entiers.

Tous les jeunes gens du pays l'aimaient et la respectaient, parce qu'on savait qu'elle était aussi vertueuse qu'aimable. Et puis on n'ignorait pas qu'elle avait dans son parrain un défenseur qui ne plaisanterait pas, si l'honneur de sa filleule était en jeu.

Un jeune homme d'un village voisin trompa notre vigilance. Nous ne sommes pas assez défiants dans la montagne. Il était plein de bonnes manières et de belles promesses. La pauvre enfant était trop innocente pour suspecter ses intentions : elle vit en lui un fiancé, qui demain serait son mari. Elle l'aima. Tout le monde dans le pays le savait, et personne ne doutait de leur mariage. Les Chabal et moi étions les seuls à tout ignorer. Le séducteur avait prié Rose de garder le secret, afin, disait-il, d'obtenir plus sûrement le consentement de sa famille. Quand tout nous fut révélé, il était trop tard : Rose avait été conduite par son bon cœur et son inexpérience à une faute irréparable.

Le Roi des braconniers mit sa tête dans ses mains. Je crois qu'il pleura.

— Qu'est devenue la pauvre Rose ? lui demandai-je, après un moment de silence.

— Rose ! fit-il, comme s'il se réveillait. Je n'en sais rien. Elle eut un enfant. Elle disparut avec lui du pays, et depuis lors personne, ici, n'en a entendu parler.

— Et le séducteur ?

— Ah ! le séducteur ! J'allai le trouver un jour, tandis qu'il travaillait aux champs, et je lui dis : Me connais-tu ?

— Non.

— Eh bien ! tu apprendras à me connaître : je suis le parrain de Rose Chabal.

— Ah !

Ce nom et mon air menaçant parurent l'émotionner.

— Que me veux-tu? dit-il.

— Je viens savoir si ton intention est d'épouser Rose.

Il hésita, puis me répondit résolûment :

— Non ! mes parents ne la trouvent pas assez riche et ne veulent pas consentir à ce mariage.

— Pourquoi n'as-tu pas songé à cela auparavant ?

Il ne répondit rien.

— M'entends-tu ? lui dis-je, en lui secouant rudement le bras.

— Je n'ai pas d'explications à te rendre, me répondit-il en se dégageant.

— C'est bien ! lui dis-je. Moi, je n'aime pas les paroles inutiles. Ecoute : tu as été militaire ; tu sais manier un fusil. Donc à nous deux ! Ne sors plus sans ton arme. Nous nous retrouverons un jour ou l'autre sur la montagne. Tu es le coq de ton village ; tu seras un coq boîteux ou un coq mort, selon les suites que ta lâcheté aura eues pour Rose. Tu me tueras, si tu peux. Moi, je t'apprendrai à respecter les braves filles du pays. J'ai dit.

Quand Rose fut partie, je me mis à guetter le séducteur ; mais il ne sortait que bien accompagné. Je crois aussi qu'il avait donné avis aux gendarmes de notre conversation.

Un mois seulement après le départ de Rose, et plus de six mois après la conversation que je viens de raconter, je parvins enfin à me trouver tête à tête avec lui dans le bois de Bauzon.

— Ah ! lui criai-je, te voilà, enfin ! Il y a longtemps que mon fusil désirait échanger un mot avec le tien.

Il pâlit et se mit en garde.

Nous étions dans un pacage bordé de sapins et de hêtres. Je lui montrai une ligne de gros arbres.

— Voilà ta place, lui dis-je. Et voici la mienne, ajoutai-je en me dirigeant du côté opposé. On marchera et on tirera à volonté.

J'allai me poster à l'extrémité du pacage, sans chercher à m'abriter, tandis qu'il se blottissait derrière les sapins.

— Tire donc ! lui criai-je.

Il fit feu, mais sans se découvrir ; d'ailleurs, il était trop ému pour bien viser, et sa balle passa bien loin de moi.

— Tu as encore un coup à tirer ! lui criai-je en prenant mon fusil, qui était encore en bandoulière.

Honteux de sa maladresse autant que furieux de mon sangfroid, il se démasqua pour m'ajuster de nouveau.

Cette fois il n'en eut pas le temps, car à peine se fut-il découvert qu'il reçut une balle dans la cuisse et tomba par terre.

Je m'approchai de lui, et, après avoir constaté que le coq serait boîteux, je lui dis :

— Je ne te tiens pas encore quitte, et je t'engage, après guérison, à quitter le pays.

En m'en allant, j'envoyai de la hutte voisine les paysans s'occuper du blessé.

Moi, je partis pour le Gerbier-de-Jonc, où je chassai le loup pendant huit jours. J'appris, à mon retour, qu'il m'avait dénoncé, puis qu'il s'était spontanément rétracté.

Une nuit, j'entrai chez lui. Un chirurgien, qu'on était allé chercher jusqu'à Vals, pansait sa plaie. Il entendit ma voix, mais il feignit de ne pas me reconnaître et n'osa pas me regarder.

Quand il fut guéri, soit honte, soit crainte, il suivit mon conseil. Il partit, et on ne l'a plus revu.

— Le chirurgien dont vous me parlez, dis-je au Roi des braconniers, était mon ami Barbelin, l'oncle de Brison. Il se souvient parfaitement de vous. Quel terrible justicier vous êtes, Jédi !

— Je ne connais rien, répondit-il d'une voix vibrante, de plus lâche et de plus méprisable qu'un homme qui trompe une honnête fille; et, si je ne tire pas sur ce gibier-là comme sur les lièvres sans crier gare, c'est par respect pour moi, et non par égard pour lui.

— Vous avez raison ! lui dis-je avec chaleur.

Il se leva à demi et me tendit la main, que je serrai cordialement.

Le lendemain, quand je me réveillai, mon compagnon avait disparu.

Il faisait grand jour, et la cloche du village sonnait la messe. Rien n'est aussi poétique que la sonnerie des cloches dans les pays de montagne. Elles rappellent en moi, sinon la foi naïve d'un autre âge, au moins le sentiment religieux. Il me semble que je redeviens jeune en les entendant.

— Vous repartez ? me dit Pierre Chabal, qui me guettait au bas de la fenière.

— Pas encore, lui dis-je. Vos cloches ont de trop jolis carillons pour qu'on puisse résister à leur appel. Je vous accompagne à la messe.

— Et vous faites bien, dit le paysan avec joie. Bien des gens disent du mal de la religion ; mais, sans la religion, comment pourrions-nous supporter les misères, les fatigues et les déceptions dont notre existence est remplie ?

Il appelle sa femme et ses enfants d'un air de triomphe et leur dit : Le monsieur vient à la messe avec nous.

. — Et Jédi? demandai-je alors. Qu'est-il devenu?

— Oh! Jédi est déjà bien loin. Mais, soyez tranquille, du Suc-de-Bauzon où il est, il entend la cloche et il assistera de loin à la messe avec nous: il a la permission du curé.

Le brave montagnard me dit cela si sérieusement que je n'eus pas même l'idée de trouver la chose extrordinaire. Après tout, quoi de plus naturel et de plus touchant que cette pensée d'unir dans les mêmes prières et dans le même recueillement religieux le chasseur sur la montagne et l'habitant du village dans son église ?

Mes hôtes avaient leurs habits de dimanche. Nous allâmes à l'église, vers laquelle se dirigeaient également par tous les sentiers les familles disséminées sur les divers points de la paroisse.

Vous savez, mon cher Éditeur, que je ne suis pas d'une dévotion outrée, et je n'ai pas la prétention de vous peindre une messe et un sermon au village. Je veux seulement vous communiquer une réflexion qui me vint plusieurs fois, à la vue de la foule recueillie pendant le service divin et pendant le sermon du digne curé des Usclades.

Les hommes qui déclament contre la religion ont-ils bien pensé à la puissance du frein que contiennent ses dogmes et à la force du lien social qui réside dans le culte?

Si l'on réussissait à supprimer l'amour de Dieu et la

crainte de l'enfer, est-on bien sûr que la loi et les gendarmes parviendraient à contenir les passions sauvages qui feraient explosion chez les natures incultes ? Si l'on cessait de se réunir pour prier à l'Église, le cabaret à coup sûr en profiterait; mais qui oserait garantir que la tranquillité publique, la moralité et le travail, également en profiteraient ?

Le sermon du digne curé des Usclades fut simple et plein d'onction. On y sentait un esprit élevé et cultivé, se mettant au niveau des âmes simples dont il avait la charge. Je notai dans son allocution ces paroles qui me frappèrent :

« Mes chers frères, n'oublions jamais que le bonheur n'est pas de ce monde. Ce qui y ressemble encore le plus, c'est la satisfaction intérieure que donne la pratique du bien. C'est par cette satisfaction, qui est à la portée de tous, du pauvre comme du riche, de l'humble paysan commme du roi fastueux, que Dieu impose silence à ceux qui voudraient révoquer en doute sa justice et sa bonté. C'est aussi dans le but de rétablir l'égalité, troublée par tant de trompeuses apparences, que Dieu a mis la charité plus près du cœur du pauvre que du cœur du riche. Les vraies préoccupations et les faux plaisirs ne viennent pas ici, mes chers Frères, nous faire oublier autant qu'ailleurs les maux et les peines du prochain. Nous savons ce qui fait pleurer notre frère et notre sœur qui habitent la chaumière voisine. Nous savons ce qui leur manque et ce qu'ils désirent. Nous nous entr'aidons comme les enfants d'une même famille. Nous sympathisons à nos souffrances réciproques. Nous assistons les malades, nous pleurons les morts. Nous désirons le retour des absents, et nous bénissons Dieu de nous avoir donné ces trésors de charité qui sont à la fois une consolation pour nous et pour les autres. »

Le curé était ému; on voyait que ses paroles partaient du cœur. Il me sembla qu'il avait regardé de notre côté. Au mot d'*absent,* la femme Chabal n'avait pu retenir un sanglot.

Après la messe, j'allai voir le curé, et je fus ravi autant que touché de mon entretien avec lui. Les détails qu'il me donna sur la vie des montagnards me remplirent à la fois d'étonnement, de pitié et d'admiration. Pour eux, la sobriété et le travail sont devenus une seconde nature. Ils trouvent l'aisance là où l'habitant des villes ne verrait que d'insupportables privations. Et, dit le curé, comme le bon Dieu prodigue sa sainte paix partout où il y a des cœurs pour la recevoir, ces braves gens ne sont pas plus malheureux, au fond, avec leur pain noir et leurs rations congrues de raves et de pommes de terre, sans oublier l'eau claire et fraîche de la montagne, que les heureux des villes dont la table est couverte de mets succulents et de vins fins. Quand il n'y a pas chez eux le ver rongeur de l'usurier ou la plaie secrète de la fille séduite, le foyer du paysan, grâce au contentement que donne la foi, est plus gai que celui du millionnaire. C'est ainsi que la religion a réalisé le problème que Nicolas Flamel et tant d'autres ont vainement cherché : elle fait de l'or avec de la misère, et elle met sur les lèvres du paysan chrétien un sourire libre et franc qu'envieraient les opulents du jour.

J'ai promis au curé des Usclades de ne pas quitter le Vivarais sans revenir le voir.

Je craindrais, mon cher Éditeur, d'ennuyer vos aimables lectrices en m'étendant davantage sur ce sujet.

Peut-être la vive impression produite en moi par la vue de cette brave famille de paysans, par l'histoire de Rose et les paroles du curé, est-elle l'effet de mes dispositions actuelles plutôt que de toute autre chose. Le docteur Barbelin, en lisant ceci, ne manquera pas de m'écrire : « Toute cette poésie et toutes ces émotions sont dans ton âme, mon bon, et pas ailleurs. »

S'il en est ainsi, cher docteur, vous voyez que l'amour a du bon, puisqu'il fait percevoir des harmonies et goûter des douceurs qui, sans lui, seraient lettre close pour nous.

Je termine cette trop longue lettre en vous priant, mon cher Éditeur, de croire à mes sentiments affecteux.

JEAN-JOSEPH.

IX

Une consultation féminine

Lettre de Jean-Joseph à l'Éditeur

Mon cher Éditeur,

L'autre jour, je me suis rendu chez Mme B... Après les compliments d'usage, le dialogue suivant s'est établi entre nous :

MOI.— Maintenant, Madame, que nous avons bien parlé

de la pluie et du beau temps, des baigneurs et des baigneuses, je gage que vous ne devinez pas le sujet de ma visite.

Mme B. — Vous perdriez votre pari.

Moi. — Ah !

Mme B. — Certainement. Une femme tant soit peu intelligente sait toujours dès la veille, quelquefois plus tôt, toutes les confidences qu'on peut lui faire.

Moi. — Alors c'est à moi de vous écouter, belle somnambule.

Mme B. — Je ne vous ferai pas languir : vous êtes amoureux. Vous rougissez ?

Moi. — Mais je ne crois pas, Madame.

Mme B. — Oh ! moi, je le vois. Vous rougissez même beaucoup. Il paraît que c'est sérieux. La dame que vous aimez appartient au petit cercle de personnes que nous voyons ici. Faut-il vous en dire les raisons ?

Moi. — C'est inutile.

Mme B. — Comme dit mon mari, vous plaidez coupable. Encore un point d'acquis. C'est bien, l'instruction ira plus vite. La dame de vos pensées n'est pas Mme X.: elle est trop gauche ; ni Mme Y.: elle est trop minaudière ; ni Mlle Z.: elle est trop prétentieuse...

Moi. — Fort bien vu. Permettez-moi une réflexion en passant : pourquoi, par exemple, en parlant de la pauvre Mme X., indiquez-vous plutôt sa gaucherie que sa laideur comme excluant la possibilité d'en être amoureux ?

Mme B. — Parce qu'il n'y a pas de femme laide. Il y en a de sottes et de ridicules. Mais, avec l'esprit et la vertu, on peut toujours supprimer la laideur.

Moi.— Je sentais cela, mais sans bien me l'expliquer. Merci, Madame, de la leçon.

Mme B.—Continuons. Ce n'est pas non plus Mlle A..., parce qu'elle chante faux; ni Mlle B..., parce qu'elle ne sait pas s'habiller.

Moi.—Qui pourrait-ce être, sinon l'adorable Mlle Eva ?

Mme B.—Pour moi, c'était clair comme le jour ; mais c'est toujours agréable de faire causer les amoureux. Vous l'aimez donc bien ?

Moi.— Plus que je ne saurais dire

Mme B. (devenant subitement plus sérieuse) — Tant pis, Monsieur !

Moi.— Vous m'effrayez ! Pourquoi dites-vous cela, Madame ?

Mme B.—Pourquoi? Ma foi, je ne saurais trop vous le dire. Vous savez que l'instinct guide mieux les femmes que la raison. Eh bien! l'instinct me dit que, malgré toutes les rares qualités d'Éva, vous avez tort de l'aimer. D'abord, elle ne vous aimera pas : elle a fait le vœu de n'aimer personne, et elle le tiendra. Elle ressemble si peu aux autres femmes par certaines idées et par la force de caractère, que j'en suis parfois étonnée moi-même; et je me tromperais bien si quelqu'un parvenait à la ramener dans les régions accessibles à nos affections et à nos petitesses.

Moi.—Voulez-vous me permettre, Madame, de vous exprimer franchement ma pensée sur ce que vous venez de me dire ?

Mme B.— Mais certainement !

Moi.—Eh bien ! ce que vous venez de dire est uniquement destiné à masquer autre chose que vous ne voulez pas dire.

Mme B. — Comment cela, Monsieur?

Moi.—Écoutez : tout homme est homme, comme toute femme est femme ; ce qui veut dire que les uns comme les autres sont accessibles à la plus douce des affections humaines. En cherchant à me démontrer le contraire pour Éva, vous me faites supposer seulement qu'il y a dans son existence ou dans son cœur un mystère que vous ne voulez pas, ou que vous ne pouvez pas me révéler.

Mme B. — Décidément, vous jouez au somnambule encore mieux que moi. Puisque vous avez la seconde vue, en quoi puis-je vous servir?

Moi.— Je vous en supplie, Madame, ne prenez pas la mouche. Je serais désolé si je perdais votre bienveillance. Vous voyez bien qu'elle m'est plus précieuse que jamais. J'aime Éva comme un fou. Je veux lui donner mon nom comme je lui ai donné mon cœur. Voulez-vous, Madame, soutenir ma cause auprès d'elle ?

Mme B. — Vous parlez d'une façon qui m'oblige à être d'une entière franchise avec vous. Apprenez donc, Monsieur, que je me suis mêlée de trois mariages dans ma vie, que tous trois ont été malheureux et que j'ai juré de ne plus me mêler d'aucun.

Moi.— Me voilà bien loti ! Vous avez juré de ne plus vous mêler d'aucun mariage. Éva a juré de n'aimer personne. Il me semble que tous ces serments...

Mme B. — Oh ! Je vous vois venir. Vous allez dire que tous ces serments sont là pour cacher autre chose.

Moi. — Précisément.

Mme B.—Quand on est si sceptique, mon cher Monsieur, on ne doit pas songer à se marier. Les femmes sont, à un certain point de vue, comme le bon Dieu : il faut y croire ou y renoncer. On les aime ou on ne les aime pas ; on a confiance en elles ou on ne l'a pas : point de milieu. Un sceptique ne fera jamais un bon mari.

Moi.—Allons ! voilà que je vous ai encore blessée sans le vouloir. Soyez indulgente, Madame, pour un pauvre amoureux.

Mᵐᵉ B. (riant).—Mon Dieu ! Monsieur, si on vous entendait, on croirait que c'est à moi que ces chaleureuses déclarations s'adressent. En résumé, que puis-je dire ? Que puis-je faire pour vous? Rien. Dites à Eva ce que vous voudrez, persuadez-la, changez ses sentiments; je n'empêche rien, mais veux rester étrangère à tout.

Moi (d'un ton suppliant). — Pourquoi donc, Madame?

Mᵐᵉ B. — Parce que.

Moi. — Voilà qui coupe court à toute supplication. Je n'ai plus qu'à vous remercier, Madame, de votre bienveillante neutralité, et je cours plaider moi-même ma cause auprès d'Eva.

Mᵐᵉ B. — Il n'y a rien de pressé : Éva est partie.

Moi.— Partie ! Elle a quitté Vals ?

Mᵐᵉ B. — Mais, oui.

Moi. — Elle reviendra bientôt, sans doute.

Mᵐᵉ B. — Je le pense. Allons, j'ai pitié de vous. Vous avez au bout de la langue tant de questions, que vous ne pouvez en formuler aucune. Ne vous laissez pas emporter par votre imagination. Elle sera ici demain. Vous pourrez alors lui parler; et, comme elle est maîtresse de ses secrets, elle vous les fera connaître, si cela lui convient.

Moi.— Éva a donc des secrets?

Mᵐᵉ B. (partant d'un éclat de rire). —Vrai ! Je ne vous croyais pas si naïf. Quelle femme n'en a pas ?

Moı. — Vous répondrez au moins à cette question: Éva aime-t-elle déjà quelqu'un ?

Mme B. — Je vous ai dit qu'elle n'aime et qu'elle n'aimera jamais personne.

Moı. — Encore un mot, Madame. Vos hésitations, vos réticences, un je ne sais quoi qui s'exhale de votre conversation, la manière même dont vous me regardez, me mettent à la torture. Dites-moi qu'Éva possède toute votre estime et votre affection.

Mme B. — Je vous réponds en mon âme et conscience qu'Éva possède toute mon estime et toute mon affection; j'ajoute qu'elle mérite l'un et l'autre, et que tous ceux qui la connaîtront comme moi auront pour elle les mêmes sentiments. Malgré cela, je vous répète, dans votre intérêt, ce que je vous ai dit en commençant: Vous l'aimez, tant pis! car elle ne sera jamais votre femme.

Je restai, comme vous pensez bien, peu satisfait de cette conversation avec Mme B.

Deux jours, deux siècles se passèrent. Éva n'était pas revenue.

Le troisième jour, je l'aperçus revenant par la route d'Aubenas avec une femme d'un certain âge, petite, contrefaite, mais dont la physionomie respirait la bonté et l'honnêteté. Éva me parut plus pâle ; son visage était fatigué. Je ne l'en trouvais pas moins jolie, et j'attendis avec impatience le moment de lui présenter mes hommages.

Le soir, la nouvelle venue, qui se nommait Mlle Marcellin, se trouvait avec Éva et Mme B., quand j'allai les voir. Ces dames lui témoignaient une déférence, ou plutôt une vénération, qui me frappèrent. Mlle Marcellin montrait pour Éva une affection qui me la rendit tout de suite très-sympathique. Il me sembla que, de son côté, elle me regardait avec curiosité.

Le lendemain, Mme B... m'apprit que Mlle Marcellin était la fille d'un usurier fort connu d'Aubenas; mais qu'elle avait acquis elle-même par ses vertus, surtout par son inépuisable charité, qui en faisaient une vraie Providence du pays, autant d'estime et de respect que son père en méritait peu. Cette sainte fille partageait son temps entre les exercices de piété et le soin des malheureux. C'était elle qui portait les secours et les encouragements dans les familles pauvres. Elle était l'âme de toutes les bonnes œuvres, et c'était une cause de ce genre qui l'avail amenée à Vals.

Je cherchai vainement, ce jour-là, l'occasion d'un entretien particulier avec Éva. Elle l'évita avec une habileté si persistante, que je dus renoncer à avoir aucune explication verbale. Vous trouverez ci-inclus une copie de deux billets échangés entre nous les jours suivants. Vos lecteurs, et surtout vos lectrices, comprendront le profond chagrin que m'a fait éprouver cette nouvelle fin de non-recevoir que m'oppose une femme trop aimable et trop aimée. Que faire? Je n'ose pas me plaindre, et peut-être, à la façon dont le roman a commencé, n'en ai-je pas le droit. Mais, pour être mérité, mon malheur n'en est pas moins grand, et je ne souhaiterais pas à mon plus cruel ennemi les souffrances auxquelles je suis en proie.

Agréez, mon cher Éditeur, l'assurance de mes sentiments affectueux.

JEAN-JOSEPH.

A Eva

Mademoiselle,

Ce billet vous expliquera le demi-mystère que vous avez dû trouver à la dernière lettre que j'ai pris la liberté de vous adresser. Vous m'avez dit : « Des raisons qu'il ne m'est pas permis de révéler m'empêchent absolument de répondre à vos sentiments. »

J'ai pensé tout d'abord que ces raisons ne pouvaient être basées que sur votre excessive délicatesse. Une conversation que j'ai eue à votre sujet, avec Mme B..., m'a confirmé dans cette pensée. Je ne veux pas chercher à pénétrer vos secrets ; ils ne peuvent être que dignes d'une belle âme comme la vôtre. J'ai foi en vous. Je vous aime. Si votre cœur est libre, donnez-le moi, et pour toujours. Permettez-moi d'aller demander votre main à votre famille. Vous voyez si je vais avec droiture et franchise. J'ose espérer que vous me ferez une réponse nette et conforme aux vifs sentiments que vous m'avez inspirés.

Je suis, Mademoiselle, pour la vie votre ami dévoué.

JEAN-JOSEPH.

A Monsieur Jean-Joseph

Monsieur,

Je suis vivement touchée de l'affection que vous me témoignez et de l'estime dont, sans me connaître, vous voulez bien m'honorer ; mais je regrette non moins vivement que vous n'ayez pas compris ou voulu comprendre, et ma lettre, et toute ma conduite vis-à-vis de vous.

Vous vous seriez alors abstenu d'une démarche inconsidérée, qui peut avoir pour vous et pour moi de fâcheuses conséquences.

Voulez-vous en croire la parole d'une femme loyale et qui ne trompera jamais personne ? Ne songez plus à la pauvre Éva ; oubliez-la. Ne cherchez pas à pénétrer ses secrets. N'affrontez pas la triste fatalité qui pèse sur elle. Vous vous acquerrez ainsi un titre éternel à la gratitude de celle qui ne peut être pour vous qu'une amie obscure et inconnue.

ÉVA.

X

A demain, Éva

Lettre de l'Éditeur à l'Auteur

Cher Monsieur,

Vous m'avez mis dans une position aussi embarrassante que possible. Dans une ville d'eaux, il est de règle que les romans finissent avec la saison. Or vous avez embarqué la *Nymphe* dans une affaire interminable, puisque nous sommes bientôt à la fin d'août et qu'elle commence à peine. De notre temps, on menait une amourette plus rondement. Je plains bien sincèrement

vos malheurs; mais, que diable ! mes abonnés avant tout
Il y va de mon honneur, Monsieur ; brusquez le dénoûment, je vous en conjure. Croyez-en mon expérience,
les femmes sont toujours moins sévères qu'elles n'en ont
l'air. Revenez à la charge, et que cela finisse par un mariage ou par une aventure tragique. Je ne vous con-
seille pas de vous brûler la cervelle pour de bon ; mais,
entre nous, vous pourriez le faire sans inconvénient dans
la *Nymphe*. Je vous promets de n'en souffler mot à personne. J'entends, pour le quart d'heure, des réflexions
assez désobligeantes sur votre compte. Un suicide vous
relèverait dans l'esprit de mes abonnées britanniques,
qui ne manquent jamais, chaque fois qu'elles me ren-
contrent, de dire que Jean-Joseph leur paraît avoir
mauvais goût, et qu'elles n'ont pas une haute idée de
Mlle Éva, en qui elles ont cru reconnaître la demoiselle
de compagnie de Mme de C. Au fait, pourquoi n'avoir
pas spécifié la qualité de cette jeune personne et la cou-
leur de ses yeux et de ses cheveux, quitte à dire le contraire de la réalité? Ma femme me fait observer ces la-
cunes invraisemblables, chaque soir, en prenant le thé.
On a peu jasé de l'excursion au volcan d'Ayzac et de
mainte autre circonstance. Ce sont évidemment des ca-
lomnies. Enfin, Monsieur, finissons-en, puisque, la saison
allant finir, la *Nymphe des Eaux* va, selon l'habitude,
suspendre ses publications pour sept mois. Vous com-
prenez que je ne peux pas convenablement laisser mes
abonnés sept mois le bec dans l'eau, fût-ce de l'eau de
Vals. Je compte donc sur vous, et vous prie de croire à
mes sentiments très-sympathiques et dévoués.

L'Éditeur.

Lettre de l'Auteur à l'Éditeur

Mon cher Éditeur,

Je prendrais une part sincère à vos mécomptes, si l'affection qui remplit mon cœur le laissait sensible à autre chose que ses propres douleurs. Ah ! Monsieur, que j'expie cruellement ce qui, aux yeux de quelques personnes, ne sera peut-être qu'une étourderie, mais ce que je commence à considérer comme un crime. Que mon exemple apprenne, du moins, à vos abonnés, qu'il ne faut jamais jouer avec ce sentiment, le plus respectable de tous, qu'on appelle l'amour.

Excusez-moi donc auprès de vos lecteurs, et plaignez-moi.

JEAN-JOSEPH.

Autre lettre plus récente de Jean-Joseph

Mon cher Éditeur,

Je ne sais ce que je dois penser, et encore moins ce que je dois espérer.

Un rayon est venu briller dans la nuit où je suis plongé. Que doit-il éclairer ? C'est encore le secret de Dieu et d'Éva.

Hier soir, je rencontrai à la promenade ma bien aimée. Je me bornai à la saluer, car je n'avais plus le courage de lui parler. Il paraît que ma douleur se lisait trop clairement sur mon visage, car elle eut pitié de moi, et c'est elle qui m'aborda pour me dire :

— Monsieur, vous me voyez au désespoir des chagrins que je vous ai involontairement causés. Quelque désagrément qui doive en résulter pour moi, je vous guérirai, si vous persistez.... à être malade.

— Vous ne me guérirez jamais, Éva, quoi que vous fassiez, de mon amour pour vous.

— Nous verrons bien ! fit-elle d'un ton singulier. Êtes-vous de la partie de Neyrac et de la Gravenne, projetée pour demain ?

— Oui, si vous en êtes.

— Mme B. veut que j'en sois.

— Comment vous exprimer ma gratitude, Éva ?

— Ne vous hâtez pas tant, Monsieur. A demain !

— A demain, Éva !

Je suis dans une anxiété terrible. A bientôt, mon cher Éditeur.

Tout à vous.

JEAN-JOSEPH.

XI

Les deux numéros de la *Nymphe des Eaux* — 2 et 9 septembre — ne contiennent rien sur l'aventure romanesque qui intéressait si vivement, depuis trois mois, la population indigène et étrangère de Vals. En revanche, le numéro du 16 septembre contenait ce qui suit :

La Fin du roman

Nos lectrices et nos lecteurs ont dû être vivement intrigués du silence gardé depuis quinze jours par la *Nym-*

phe des eaux, sur notre ami Jean-Joseph. Nous venons leur présenter aujourd'hui nos excuses, en les priant de croire que nous n'avons pas moins été intrigués qu'eux-mêmes du mutisme subit de notre correspondant. Nous en avons même été passablement inquiet, et nous avons alors plus d'une fois regretté certaines plaintes et certains conseils que nous adressions d'ailleurs, par pure plaisanterie, à ce pauvre jeune homme, en craignant sérieusement que son silence prolongé ne fût l'indice de quelque triste événement.

Nous avons aussi, il faut bien le dire, regretté d'avoir mêlé la *Nymphe des eaux* à une aventure qui, il était aisé de le prévoir depuis quelque temps, ne pouvait aboutir qu'à une issue fâcheuse, et dans laquelle nous semblions prendre ainsi une part de responsabilité. Nous prions nos lectrices et nos lecteurs de nous pardonner cette erreur. Pour en finir avec cette affaire, qui d'ailleurs nous a fait éprouver à nous-même de vives émotions, nous allons raconter, aussi brièvement que possible (d'après un entretien que nous venons d'avoir avec le docteur Barbelin, arrivé cette semaine à Vals), les tristes vicissitudes par lesquelles a passé, pendant ces derniers temps, le malheureux amant de la malheureuse Éva.

Le lendemain du jour où Jean-Joseph nous avait adressé sa dernière lettre, un groupe nombreux de baigneurs quittait Vals pour aller visiter Neyrac, les chaussées des Géants du Pont-de-Labaume et de Thueytz, le volcan de la Gravenne et les autres curiosités naturelles

qui font de cette partie de la vallée de l'Ardèche le point
le plus pittoresque peut-être qui existe en France.

Une partie des excursionnistes étaient en voiture.
Quelques autres, et de ce nombre Éva et Jean-Joseph,
étaient à cheval.

On déjeuna à Neyrac, sous les châtaigniers. Jean-
Joseph remarqua qu'Éva était très-gaie. Il aurait tiré de
cette circonstance un bon augure, s'il n'avait pas cru
reconnaître à certains signes que cette gaîté avait quelque chose de forcé et, en quelque sorte, de nerveux.

Dans le trajet de Neyrac à Thueytz, ils se trouvèrent
un instant seuls. Jean lui dit :

— Je n'ai pas oublié votre promesse d'hier, et je viens
en réclamer l'exécution.

Elle lui répondit :

— Vous le voulez ? Eh bien ! A tout à l'heure !

Elle ajouta, d'un air à la fois triste et souriant :

— Vous savez que je me sépare de la compagnie à
Thueytz. Tandis que Mme B. et les autres visiteront le
volcan de la Gravenne, j'irai faire une visite indispensable à quelques lieues dans la montagne.

— Est-ce que vous irez seule, Éva, faire un pareil
voyage ?

— Seule, je le croyais encore ce matin. Maintenant,
je vois bien que j'aurai un compagnon.

— Et ce compagnon ?....

— Ce sera vous.

— Oh ! Éva, que ce mot me fait oublier de rigueurs
passées !

— Vous avez grand tort de les oublier et surtout de
ne pas en avoir deviné le motif. Dieu m'est témoin que

j'ai tout fait pour vous éloigner de moi. Que sa volonté s'accomplisse !

Elle piqua brusquement son cheval et rejoignit le gros des touristes.

Après une courte halte à Thueytz, la caravane se dirigea vers la Gravenne.

Éva et Jean-Joseph partirent en même temps par la belle route de Mayres, qui relie le Vivarais à l'Auvergne, en remontant jusqu'à sa source le cours de l'Ardèche.

Avant de monter à cheval, la jeune fille tenta un suprême effort pour faire changer d'idée à son compagnon. Sa figure était plus pâle que d'habitude et ses yeux brillaient d'un éclat extraordinaire. On devinait, sous son calme apparent, de violents efforts de volonté. Elle dit à Jean, d'une voix altérée par l'émotion :

— Je vous en prie pour la dernière fois ; je vous en supplie, Monsieur, allez-vous-en !

— Ne m'avez-vous pas invité vous-même à vous accompagner aujourd'hui ?

— Oui, si vous persistez à songer à moi, parce qu'alors.....

— Parce qu'alors ? dit Jean.

— Vous persistez ? dit Éva.

— Je vous aime, je vous aimerai toujours.

— Alors, en route !

Elle s'élança à cheval, il en fit autant, et les deux chevaux partirent comme des traits par la route du Puy.

Deux heures après leur départ de Thueytz, les deux voyageurs arrivaient à l'auberge de la Chavade, située au sommet de la chaîne des Cévennes, entre la source de l'Ardèche, dont les eaux coulent au sud vers la Méditerranée, et l'Allier, qui coule à l'ouest vers l'Océan.

Là, après avoir changé de chevaux, Jean-Joseph et sa compagne quittèrent la grand'route pour se lancer au grand galop à travers les prairies et les forêts.

Éva semblait impatiente d'arriver. Elle excitait son cheval, qui allait avec une rapidité vertigineuse. Plusieurs fois Jean-Joseph, qui redoutait un accident, la pria de ralentir sa marche.

— Vous ne savez pas, dit-elle, comment les gens de la Chavade appellent le cheval qui me porte?

— Non.

— Il s'appelle *Destin,* et rien ne peut l'arrêter. Va, Destin!

Le cheval redoubla de vitesse. Celui de Jean-Joseph avait grand'peine à le suivre.

Cette course folle à travers des prairies ou sur des sentiers à peine marqués durait depuis plus d'une heure, quand Éva s'écria : C'est ici!

Destin s'était arrêté de lui-même, comme s'il fût souvent venu au même endroit.

On était arrivé devant une maisonnette couverte de chaume, mais dont l'air d'aisance et de propreté contrastait avec le mauvais état des autres habitations éparses sur le plateau.

La porte s'était ouverte avant que les voyageurs eussent mis pied à terre.

Un homme de petite taille, mais de formes vigoureuses, était sur le seuil. Le sabre qu'il avait au côté et le fusil qu'il tenait à la main indiquaient suffisamment ses fonctions de garde-chasse.

En le voyant seul, Éva pâlit. Le garde appela quelqu'un dans l'intérieur, et presque aussitôt parut une femme qui salua Éva par un cri de joyeuse surprise.

La figure d'Éva commença à se rasséréner. Cependant il y restait encore un peu d'inquiétude, et c'est avec une voix émue que la voyageuse, coupant court aux compliments de ses hôtes, s'écria : Où donc est-elle ?

— Pas bien loin, dit le garde ; mais n'ayez pas peur, Nestor est avec elle.

Et, portant un sifflet à sa bouche, il en tira un son aigu, auquel répondit aussitôt, d'un bouquet d'arbres voisin, l'aboiement d'un chien.

Presque en même temps, une petite fille de quatre ou cinq ans, jolie comme un ange, fraîche comme une fleur des montagnes, apparut du même côté. Un chien énorme faisait des sauts de joie autour d'elle. Tous deux eurent en un clin d'œil traversé le bout de pré qui les séparait de la maisonnette.

Le garde et sa femme présentèrent avec orgueil l'enfant à Éva, en disant :

— Voyez comme elle est belle et bien portante !

— Chère enfant ! cria Éva.

Et, prenant dans ses bras la petite fille qui semblait ne la reconnaître qu'à moitié, elle la couvrit de caresses et de baisers, sans même s'apercevoir de l'étonnement et de l'anxiété qui se peignaient sur la figure de son compagnon.

La femme du garde gourmandait l'enfant.

— Comment, Marthe, lui disait-elle, tu ne reconnais pas ta petite maman ?

— Oh! qu'elle est belle ! disait Éva. Que je vous suis

reconnaissante, Madame Guérin! Mon Dieu! je vous remercie de m'accorder du moins ce bonheur.

Jean-Joseph semblait changé en statue. Il était droit, pâle, immobile, se demandant s'il n'était pas le jouet d'un rêve, n'osant parler et brûlant cependant de sortir de l'horrible incertitude où ce spectacle l'avait jeté.

Il fit un grand effort sur lui-même, et, profitant de l'absence du garde et de sa femme, qui étaient allés attacher les chevaux à un arbre, il dit à Éva :

— C'est sans doute votre petite sœur, Éva ?

— Non, répondit résolûment Éva, c'est ma fille !

— O mon Dieu! cria Jean-Joseph en se cachant la tête dans ses mains, comme si la foudre venait d'éclater sur lui.

Il resta ainsi une minute ou deux, et, dans ce court laps de temps, tous ses cheveux grisonnèrent.

Quand il releva la tête, il avait la figure pâle et l'œil un peu égaré.

— Adieu, Madame, dit-il à Éva. J'étais fou. Vous m'avez guéri. Il est vrai que vous m'avez brisé le cœur. Mais c'est ma faute encore plus que la vôtre. Adieu !

Il tendit la main à Éva, qui, pendant cette scène, avait gardé une sorte de réserve hautaine.

Elle lui tendit la main en disant :

— Merci, Monsieur.

— Adieu pour toujours !

— Pour toujours ! répéta Éva.

Éva rentra dans la maisonnette avec l'enfant, tandis que notre héros allait détacher son cheval et reprenait au grand galop le chemin de la Chavade.

Éva repartit deux heures après. Il était presque nuit quand elle arriva à la Chavade.

On s'étonna à l'auberge de la voir revenir seule, et on lui demanda ce qu'était devenu son compagnon.

Éva, effrayée, devina qu'un malheur était arrivé à Jean-Joseph. Plusieurs personnes furent aussitôt envoyées à la recherche du jeune homme.

Au moment où Éva, accablée des plus tristes pressentiments et le cœur gros des émotions de la journée, donnait aux gens de l'auberge toutes les indications qui pouvaient servir à faire retrouver Jean-Joseph, un homme de haute taille entra dans la salle.

— Salut au Roi des braconniers ! s'écria l'aubergiste. Ah ! Jédi ! comme vous arrivez à propos ! On dirait que vous devinez toutes les fois qu'il y a un coup de main à donner.

— De quoi s'agit-il ? dit Jédi.

— Demandez à Madame, répondit l'aubergiste.

Jédi tourna les yeux sur Éva, et un cri de surprise s'échappa de sa poitrine.

— Rose ! pauvre Rose ! s'écria-t-il en lui tendant les bras.

Rose, car c'était elle, et nous l'appellerons désormais de ce nom, se jeta en sanglotant dans les bras du chasseur.

Mais elle surmonta bientôt son émotion, et dit à Jédi :

— Parrain, il y a probablement quelqu'un à sauver non loin d'ici.

Elle l'entraîna dans un coin de la salle et lui dit rapidement :

— Parrain, c'est un jeune homme qui m'aimait. Il voulait m'épouser. J'ai tout fait pour le guérir de sa folle passion, sans lui livrer mon secret. A la fin, prise de pitié et bravant l'humiliation, je lui ai fait connaître aujourd'hui même ma position, et je lui ai montré mon enfant. Il est reparti une heure avant moi, éperdu de douleur. On ne l'a pas encore revu ici. Je crains qu'il ne lui soit arrivé malheur.

— C'est le jeune homme avec qui je t'ai rencontrée l'autre jour à Païolive ?

— Vous m'avez donc reconnue ?

— Pauvre enfant, crois-tu que je t'aie jamais perdue de vue ? Qui aurait soutenu le courage de tes parents, en leur inspirant confiance dans l'avenir ? Je sais tout ce que tu as fait depuis ton départ des Usclades. Plût à Dieu que tu fusses réhabilitée aux yeux du monde comme tu l'es aux miens !

— O mon parrain ! que vous êtes bon ! Mais, je vous en prie, le temps presse. Partez ! je ne quitterai pas l'auberge avant de savoir ce qui est advenu de ce pauvre jeune homme.

— Je pars, Rose, mais ton langage m'effraye. Tu l'aimes !

— Non, répondit-elle.

Elle ajouta à voix basse, et non sans hésitation :

— Je ne crois pas du moins.

— Dieu est impénétrable dans ses desseins, dit Jédi. Que sa volonté soit faite !

Et le Roi des braconniers, suivi de son chien, s'élança à grands pas dans la direction que Rose lui avait indiquée.

La jeune fille passa une nuit terrible. Elle ne dormit pas, ce qui ne l'empêcha pas de faire des rêves affreux.

Vers minuit, toutes les personnes envoyées à la recherche du jeune homme étaient de retour, sans avoir retrouvé sa trace. Jédi seul n'avait pas reparu.

Aux premières lueurs de l'aube, Rose, qui n'avait pas cessé de guetter de sa fenêtre le retour du Roi des braconniers, aperçut au loin dans les prairies une forme confuse qui paraissait se diriger vers la Chavade. Elle eut l'intuition que c'était un homme portant Jean-Joseph mort ou mourant. Son cœur se serra. Le mot de Jédi lui revint à la pensée.

— Est-il donc vrai que je l'aimerais ? se dit-elle.

Elle regarda encore, mais elle ne vit plus rien : un pli de terrain lui dérobait le groupe humain qu'elle avait aperçu tout à l'heure.

Bientôt le groupe reparut. A côté elle crut reconnaître un chien. Plus de doute : c'était Jédi. Elle appela les gens de l'auberge. Deux ou trois personnes allèrent au devant du Roi des braconniers, car c'était bien lui, en effet, et c'était bien Jean-Joseph qu'il rapportait dans ses bras. Guidé par son chien, Jédi avait retrouvé le jeune homme presque mourant à côté de son cheval mort : tous deux avaient fait une chute horrible.

Jean-Joseph avait perdu plusieurs fois connaissance dans le trajet. Il ne voyait plus et il respirait à peine, quand on put l'étendre enfin sur un des lits de l'auberge. Rose se cachait pour le voir. Elle ne voulait pas être aperçue du malade et elle ne pouvait pas détacher ses regards de sa figure.

Jédi, qui comprit tout ce qui se passait dans le cœur de la pauvre fille, l'appela.

— Rose, lui dit-il en l'installant derrière le chevet du malade, voici ta place. Tu seras sa garde invisible, comme j'ai été la tienne depuis tant d'années. Il ne faut pas qu'il te voie, car cela pourrait raviver la fièvre; mais rien ne t'empêche de le soigner.

Au reste, elle ne courait guère le risque à ce moment d'être reconnue, car le malade était dans un état de prostration qui, pendant trois ou quatre jours, donna de sérieuses craintes pour sa vie.

Le cinquième jour seulement, un mieux sensible se déclara, et la pauvre Rose dut céder son poste à une autre garde-malade, qui, selon les instructions reçues, lui laissa croire qu'elle était là depuis le commencement de la maladie.

Ce même jour, on vit arriver à la Chavade le docteur Barbelin, dont Jean-Joseph, dans un moment lucide, avait donné l'adresse en priant qu'on lui écrivît immédiatement.

Le docteur Barbelin nous a raconté la surprise qu'il éprouva, au moment où on l'introduisit près du malade endormi, de trouver auprès de lui une jeune fille d'un extérieur distingué et d'une admirable beauté. C'était Rose, qui parut de son côté peu satisfaite d'avoir été rencontrée là par le sceptique docteur. Elle lui fit signe de ne rien dire, le salua gravement, sortit, et le docteur ne la revit plus.

Jean-Joseph était hors de danger, mais le repos lui était nécessaire, et ce n'est que huit jours après l'accident que le docteur put le ramener à Aubenas, d'où tous les deux doivent être, à cette heure, repartis pour Lyon.

Le pauvre jeune homme sait qu'il a été encore une fois
sauvé par Jédi, qui du reste avait quitté la Chavade dès
le lendemain, et qu'il n'a pu conséquemment remercier ;
mais il ignore absolument qu'il a été soigné par Éva, et
il est loin de se douter qu'Éva et Rose sont une seule
et même personne. Le docteur Barbelin, qui, je ne sais
trop comment, a tout appris, s'est bien gardé de rien
lui dire, et son langage me fait supposer que de longtemps il ne lui dira rien sur ce sujet, de peur de remettre le feu aux poudres.

P.-S. — Voici les dernières nouvelles de notre ami
Jean-Joseph, que je reçois à l'instant de Lyon par une
lettre du docteur Barbelin :

Lyon, septembre 1853.

Cher Monsieur,

Nous voici rentrés au logis depuis hier. Je traite de
mon mieux Jean-Joseph de son affection morale. Mais
je compte surtout sur mon savant confrère le Temps,
pour sa guérison. L'important, c'est que le roman soit
fini. Il est probable qu'il en sera ainsi, mais il ne faut
pas trop s'y fier. Le hasard est le plus malin, non pas de
tous les dieux, mais de tous les diables, surtout quand
il a sous la main des éléments tels que mon impression-
nable ami Jean et la charmante et malheureuse jeune
personne que j'ai entrevue à la Chavade. Souhaitons
qu'il laisse enfin la paix à ces deux braves cœurs, au
risque de mécontenter ceux des lecteurs et des lec-

trices de la *Nymphe des Eaux* qui, pour la satisfaction d'une curiosité égoïste, aimeraient une prolongation du roman, au risque d'un dénoûment encore plus tragique.

Je suis sûr, cher Monsieur, qu'il s'en trouvera encore parmi eux pour vous dire : Eh bien ! avez-vous reçu quelque chose du docteur Barbelin et de son ami Jean ? Est-ce que c'est fini comme cela ?

Cher Monsieur, je suis trop bon chrétien pour envoyer à Satan tous ceux ou celles qui feront cette demande, mais je leur souhaite volontiers une prolongation de gastrite, entérite, cystite, etc., équivalant seulement au dixième des douleurs dont souffre mon pauvre camarade. Sur ce, je prie Dieu qu'il vous ait en sa sainte et digne garde, et suis votre très-obéissant serviteur,

BARBELIN.

P.-S. — A propos, puisqu'il a été question dans la *Nymphe des Eaux* de mon coquin de neveu, j'ai le plaisir de vous annoncer qu'il a enfin rompu avec sa pimbêche du bas Vivarais, et j'ai l'honneur de vous faire part de son mariage avec son aimable cousine Marie Durand, de S. G..., dans le haut Vivarais. La cérémonie nuptiale a lieu dans huit jours, et Henri a promis à sa fiancée de la conduire l'année prochaine aux eaux de Vals. Je ferai mon possible pour que Jean-Joseph ne soit pas du voyage.

XII

Deux ans après

L'Éditeur de la Nymphe des Eaux *à ses lectrices
et à ses lecteurs.*

Les habitués de Vals, mais surtout ceux qui ont visité
notre charmante station pendant l'été de 1853, n'ont
pas oublié une triste histoire racontée à cette même
place, et dont les personnages principaux étaient un
jeune Lyonnais, nommé Jean-Joseph, et une jeune fille
de nos montagnes, désignée successivement sous les
noms d'Éva et de Rose Chabal. Nous avons plus d'une
fois reçu, depuis cette époque, des lettres dans lesquelles
on nous demandait si nous savions ce qu'étaient devenus ces pauvres jeunes gens. L'ignorance où nous étions
à cet égard nous a toujours empêché de satisfaire la
curiosité de nos correspondants. Il n'en est plus de même
aujourd'hui. Dans un récent voyage à Lyon, nous avons
eu l'occasion de revoir le docteur Barbelin, et c'est de
lui que nous tenons les informations qui nous permettent de faire connaître aux lectrices et aux lecteurs de
la *Nymphe des Eaux* le dénoûment final de cette histoire.

Après un rapide exposé des amours de Jean-Joseph et
d'Éva, destiné aux nouveaux lecteurs de la *Nymphe,*
l'Éditeur poursuit :

*
* *

La scène suivante se passait à Lyon, dans le salon du jeune comte de Brison, deux ans après les événements que nous venons de résumer, c'est-à-dire au mois de mai de l'année dernière.

D'un côté du salon se tiennent Henri de Brison et son oncle, le docteur Barbelin. Le premier lit au second des passages d'un journal.

De l'autre côté, la jeune dame de Brison cause avec notre ami Jean-Joseph.

— Ohé ! les enfants, là-bas ! écoutez ! s'écria tout à coup Henri de Brison.

Et il se mit à lire à haute voix ce qui suit dans un journal, qui n'était autre que la *Nymphe des Eaux* :

« La saison de Vals s'annonce admirablement. Sous l'impulsion d'une administration intelligente, notre jolie station d'eaux a subi une transformation complète, dont l'effet attractif commence à se faire sentir sur les étrangers. De nouvelles sources jaillissent de tous côtés. Des jardins aux longues allées ont remplacé la prairie marécageuse d'autrefois. Un élégant pont submersible relie la ville à la station d'eaux. Les bois de châtaigniers qui dominent le charmant oasis des sources se civilisent à leur tour. Des villas apparaissent à travers leur feuillage clair. Les équipages serpentent sur la colline où naguère les chèvres régnaient en souveraines. Les plantes exotiques marient leurs fleurs éclatantes à la brune verdure des bruyères et des autres plantes indigènes. Vals, la naïve et sauvage paysanne d'hier, est devenue une belle fille dont les trésors, éclos au soleil, attirent l'élite des touristes européens. Pour sortir de ce langage poétique, qui aura fait sourire à coup sûr nos lecteurs, tout en ne leur déplaisant pas, l'Éditeur de la *Nymphe* est heureux d'apprendre à son public que le nombre des villas ou simples logements, déjà retenus pour la saison, dépasse de moitié celui de l'époque correspondante de l'année dernière, ce qui, on en conviendra, est le présage le plus certain d'une belle saison. L'Éditeur n'est pas moins heureux de constater que le nombre de ses abonnés s'accroît tous les jours, et il espère bien qu'il s'accroîtra encore davantage. C'est la grâce qu'il se souhaite, non sans avoir préalablement souhaité à ses lectrices et à ses lecteurs toutes les choses qu'il croit les meilleures pour leur bonheur, c'est-à-dire la santé d'abord, puis cet esprit de philosophie religieuse avec lequel, quand on ne peut pas accommoder les choses de ce monde à sa guise, on trouve le moyen de s'accommoder à la leur. Amen. »

Tout le monde se mit à rire. Si l'Éditeur de la *Nymphe* se fût trouvé là, il en eût fait autant.

Le docteur Barbelin avait seul le rire un peu forcé. Il dit tout bas à son neveu :

— Tu aurais mieux fait de laisser cela de côté. Il y a certaines plaies du cœur ou de l'imagination auxquelles il est imprudent de toucher, même de loin.

La jeune femme avait, d'instinct, détourné la conversation. Elle parlait à Jean-Joseph d'un nouveau tableau du musée de Lyon qu'ils étaient allés voir la veille.

Mais Jean-Joseph était devenu rêveur et n'écoutait plus qu'à demi.

Elle se prit à lui parler des ravissants paysages de la vallée de la Saône, au-dessus de Lyon.

Jean-Joseph l'interrompit.

— Ah ! Madame, j'en connais de plus beaux : ils sont dans le bas Vivarais.

— Je vous plains, dit-il en s'animant, de n'avoir pas encore vu cette partie de vos montagnes : le volcan d'Ayzac, la Gravenne de Montpezat, le pont suspendu de Fontaulière, le château de Pourcheyrolles, les chaussées des géants de Thueyts et de Pont-de-Labeaume, la cascade de Ray-Pic et le bois de Païolive ! Nulle part la nature ne se présente avec tant de beauté sauvage.

Et, s'adressant à Brison :

— Vous souvenez-vous de l'orage du Mézenc ? Vit-on jamais deux jeunes fous plus providentiellement sauvés ? Qui sait ce qu'est devenu le Roi des braconniers ? Avec quel plaisir je lui serrerais la main. Si nous allions passer le mois de juin à Vals ? Qu'en dites-vous, Henri ? Qu'en pensez-vous, Madame ?

Henri et sa femme gardèrent le silence, invitant du regard le docteur à répondre pour eux.

— Est-ce que tu tiens à connaître mon opinion ? fit le docteur à Jean-Joseph.

— Sans doute, tu donnes toujours de bons conseils.

Le docteur se mit à rire.

— Les bons conseils, dit-il, ne sont pas malheureusement ceux qu'on suit le plus. Voyons, mon cher, si je te conseillais de ne pas aller à Vals, que ferais-tu ?

— Je n'en sais rien.

— Tu irais tout de même : c'est aussi clair que le jour. Eh bien ! voilà pourquoi je te dirai simplement :

Va dans la lune, si ça te fait plaisir, mais ne demande jamais de conseil à un honnête homme, quand tu es décidé d'avance à faire à ta tête.

La comtesse intervint.

— Il me semble, mon oncle, qu'à ce compte on ne demanderait jamais de conseil à personne.

— Bravo ! fit le docteur Barbelin.

— Ma femme, dit Henri, votre mot aura les honneurs de la soirée.

— Ce qui veut dire ?... dit la jeune femme.

— Ce qui veut dire, interrompit Jean-Joseph, que Madame ira volontiers passer la saison à Vals.

— Je vois bien, dit le docteur, que Vals a pour vous trois des attraits particuliers. Eh bien! si les malades font un peu trève cet été, je serai des vôtres.

* *

Deux mois après, par une belle matinée de juin, nos quatre Lyonnais descendaient le Rhône en bateau à vapeur, se rendant à Vals.

Tandis que le docteur Barbelin et le jeune couple se livraient délicieusement aux sensations et aux pensées que procure le spectacle d'une belle nature et d'une fraîche matinée d'été, les souvenirs d'autrefois revenaient en foule assiéger le cerveau de Jean-Joseph, qui était allé se poster solitairement à la proue du bateau.

« Je vous aperçois là-bas, disait-il, vénérables montagnes où mon cœur fut si horriblement ravagé. Cruelle blessure ! chère blessure ! vous n'êtes pas guérie ; vous ne le serez jamais. Tu crois sans doute, Éva, que je ne t'aime plus. Tu crois que la révélation qui faillit me tuer

a brisé ton image dans mon cœur. Tu crois peut-être
que ton souvenir est effacé de ma mémoire. Hélas ! mon
cœur et ma mémoire gardent mieux que cela leurs trésors. D'ailleurs, l'empreinte est trop profonde.

» Montagnes désolées que baigne la brume, que me
réservez-vous ? Me direz-vous ce qu'est devenue la pauvre enfant dont un obstacle invincible est venu me sé-
parer à jamais ? Me direz-vous si, elle aussi, a souffert
et si elle a pleuré ? Il y a des moments où je voudrais
apprendre qu'elle est morte, morte en pensant à moi,
et mourir ensuite. J'ai des remords maintenant, quand
je pense à elle. Comme je la pleurerais à cœur plein,
si j'apprenais qu'elle m'a précédé dans l'autre vie, où je
la suivrai bientôt !

» Je crois, Dieu me pardonne, que le docteur avait
raison et que j'aurais bien fait de ne pas revenir de sitôt
en Vivarais ! »

, ...

* *

Le lendemain de son arrivée à Vals, comme Jean-
Joseph se disposait à sortir de l'hôtel, l'hôtesse, qui
l'avait regardé attentivement, l'arrêta au passage et lui
dit :

— Il me semble, Monsieur, que je vous reconnais.
N'étiez-vous pas ici il y a deux ans ?

— Oui, Madame.

— Vous vous appelez M. X*** ?

— Oui.

— Vous êtes parti un matin pour Noyrac, et nous
n'avons eu de vos nouvelles que huit ou dix jours après,

par un monsieur qui est venu solder votre note, mais sans nous laisser ni son adresse, ni la vôtre.

— Je vois bien que vous n'avez rien oublié, fit le jeune homme en souriant.

— Si bien, Monsieur, — excusez notre étourderie, — quand ce monsieur est venu, nous avons oublié de lui remettre une lettre qui vous était arrivée peu après votre départ. Je l'ai soigneusement mise de côté et je vais vous la donner.

Ce disant, l'hôtesse se dirigea vers une armoire et en revint avec une lettre qu'elle remit à Jean-Joseph.

Celui-ci pâlit en reconnaissant l'écriture d'Éva.

Cette lettre avait été écrite par Éva la veille du jour où elle avait vu Jean-Joseph pour la dernière fois.

Elle était ainsi conçue :

*
* *

Monsieur,

Vous me suivrez probablement demain à Neyrac et dans la montagne.

Je ne sais pas ce qui se dira entre nous ; mais, quoi qu'il arrive, — je vous le déclare ici, — dès que vous aurez tout appris de ma bouche ou par cette lettre, tout sera fini entre nous, et nous nous serons vus pour la dernière fois. Lors même que vous auriez la faiblesse de persister dans vos sentiments pour moi, après les aveux que je vais vous faire, soyez certain que vous ne triompheriez pas de ma ferme volonté de ne pas répondre à votre amour, parce que, s'il y a pour moi une réhabilitation possible, elle n'est que dans le sacrifice et la retraite.

Maintenant que vous connaissez ma résolution, je vais vous raconter simplement mon histoire ;

Je suis une pauvre paysanne, née quelque part dans des montagnes sauvages comme celles de l'Ardèche. Mon père est un cultivateur peu aisé, et nous prenions, ma mère, mes frères, mes sœurs et moi, une aussi large part que possible aux durs labeurs de la campagne.

J'avais été élevée dans des sentiments religieux. Nous n'aurions jamais manqué l'office divin le dimanche.

Tous les soirs, chez nous, la prière se disait en famille; et je me rappelle comme les joies les plus douces de ma vie celles que m'a fait éprouver l'observation de ces pieux devoirs, que ma mère m'avait appris dès l'enfance.

Jusqu'à seize ans, ma vie n'était pas sortie de cette calme et pure atmosphère de religion et de travail.

Je n'avais pas même le temps de penser et de rêver, et je ne soupçonnais pas qu'on pût faire autre chose sur la terre que travailler, aimer Dieu et ses parents.

A cette époque, je fus obligée cependant de m'apercevoir qu'un jeune homme des environs me distinguait parmi les autres jeunes filles de la paroisse. Il me faisait des compliments que je ne comprenais qu'à demi, mais qui flattaient doucement ma vanité et éveillaient en moi des sensation inconnues. Je l'aimai sans y songer, sans croire mal faire, sans me douter où pouvait me conduire cette inclination naissante. Je l'aimai naturellement, comme on aime le soleil qui vous chauffe et vous éclaire, la famille qui vous élève, le pain qui vous nourrit. J'étais trop innocente et trop simple pour me défier. Un instinct de pudeur m'empêchait de m'ouvrir à mes parents, mais je ne me cachais pas d'eux non plus; et, si un peu de défiance de leur part eût tant soit peu suppléé à mon inexpérience et à ma timidité, bien des malheurs auraient été prévenus. C'est ainsi que je faillis sans m'être rendu compte de l'énormité et du caractère irréparable de la faute que je commettais. Mon séducteur m'apparaissait alors comme un être d'une nature supérieure. J'aurais cru lui faire injure en doutant de lui et surtout en suspectant sa loyauté. Si on m'avait dit qu'il me trahirait un jour, j'aurais trouvé cela tout aussi incroyable que si on m'avait dit que le soleil ne se lèverait pas le lendemain. Est-ce qu'on peut comprendre le premier amour sans cette confiance illimitée, absolue? Hélas! plus tard, avec l'expérience de la vie, l'amour ne va plus sans réflexion et précaution. Mais est-ce bien vraiment de l'amour?

Mon rêve fut court, et il eut un cruel lendemain.

Je me réveillai un matin séduite et abandonnée, et portant dans mon sein un gage de ma faute.

Ce fut comme une naissance nouvelle à une vie nouvelle, vie toute de remords et de douleur.

Je fus longtemps comme étourdie du coup qui me frappait, et c'est là probablement ce qui m'empêcha d'en mourir.

Je n'eus, dans cette période, que la force de fuir. Je crus, en quittant le pays, épargner quelque souffrance et quelque honte à ma famille. Ce fut ma seule préoccupation. Je ne pensais pas à moi. Je me considérais d'ores et déjà comme perdue, indigne de vivre parmi les honnêtes gens. J'avais fait complétement le sacrifice de moi-même.

Je mis au monde, dans la douleur et l'isolement, un

pauvre enfant dont je n'espérais guère un jour voir les sourires.

Dieu eut pitié de mon affreuse misère et envoya à mon secours un de ses anges sous la forme d'une sainte fille, qui me tendit une main charitable et me fit admettre dans une communauté religieuse, où je reçus une instruction qui devait me mettre en état de subvenir plus tard à mes besoins et à ceux de mon enfant. Vous avez vu un jour à Vals ma bienfaitrice : c'est Mlle Marcellin.

L'amour maternel m'inspira une ardeur qui me fit faire de rapides progrès. Je sortis du couvent transformée sous bien des rapports. Le souvenir toujours présent de mon malheur m'avait fait deviner les perfidies et les périls du monde, bien que je ne l'eusse vu que dans un pauvre village. La charité de ma bienfaitrice m'apprit à ne pas désespérer de l'indulgence divine, mais elle ne me rendit que plus sévère vis-à-vis de moi-même. Je compris que le reste de ma vie devait être une expiation, si je voulais obtenir le pardon complet de Dieu et reconquérir autant que possible l'estime de ceux qui me connaissaient ici-bas.

Comme pour me donner une première récompense de ces bonnes résolutions, Dieu mit sur mes pas, au sortir du couvent, l'excellente Madame B*, à qui ma bienfaitrice me recommanda, et dont la protection m'a rendu facile la marche dans la voie droite. Madame B* connaît ma vie tout entière. Les égards et l'amitié qu'elle n'a jamais néanmoins cessé de me témoigner m'ont profondément touchée, et m'auraient relevée à mes propres yeux si, en montant dans une plus haute région intel-

8*

lectuelle, la honte et le remords de ma faute ne s'étaient pas proportionnellement accrus.

Je ne veux pas, Monsieur, essayer de vous exprimer toutes les souffrances que j'ai supportées depuis six ans. Je ne me plains pas de celui qui m'a réduite à un si misérable état. Je ne sais ce qu'il est devenu, et tout mon désir est de ne jamais en entendre parler. Ah! si les hommes savaient tout le mal qu'il peuvent faire en jouant avec le cœur des femmes, les moins bons s'abstiendraient.

J'aurais cru, Monsieur, commettre un crime aussi odieux que celui dont j'ai été victime, en laissant se développer en vous une affection qui n'était basée que sur l'opinion erronée que vous aviez de moi. Ce n'est pas mon moindre châtiment d'avoir à dissiper moi-même l'illusion d'une personne dont j'aurais au moins voulu conserver l'estime. Mais je n'hésiterai jamais devant l'accomplissement d'un devoir qui est aussi une expiation méritée.

Vous me connaissez, Monsieur, maintenant. Plaignez-moi et ne me méprisez pas. J'ai trop de fierté au cœur et j'ai trop souffert pour ne pas avoir quelque droit à la compassion d'un cœur tel que le vôtre. Adieu pour jamais.

Celle qui fut

ÉVA.

*
* *

Deux jours après, c'était un samedi, jour de marché à Aubenas. Le docteur Barbelin et ses jeunes compagnons se rendirent dans cette ville, qui est de beaucoup la plus importante du bas Vivarais et où il se fait surtout un grand commerce de soie.

L'affluence est très-considérable à Aubenas, tous les samedis. On y vient, dans tous les équipages et dans tous les costumes, des bords du Rhône et des plus hauts sommets des Cévennes vivaraises. Ce jour-là, le monticule sur lequel est situé Aubenas présente l'aspect d'une vraie fourmilière humaine. De longues files de bêtes et de gens couvrent toutes les voies qui y conduisent. La rue principale et les abords de la ville sont remplis de véhicules de tous genres, que les auberges de l'endroit sont insuffisantes à remiser.

Toutes les places, mais surtout celle qui avoisine l'ancien château devenu l'hôtel de ville, présentent un aspect plein d'animation. Les montagnards à gilets rouges et à grands feutres noirs sont là attendant les chalands, accoudés sur leur sac de blé ou de pommes de terre, ou surveillant le bétail qu'ils ont amené au marché. Les pourparlers entre eux et les acheteurs s'engagent comme de véritables batailles. On discute à grands renforts de cris et de gestes. Dans ce pays de rudes labeurs, tout le monde sent le prix de l'argent. On se récrie, on dirait qu'on va se fâcher. Puis l'acheteur finit par saisir la main du vendeur ; il y frappe dedans deux ou trois coups, et, si celui-ci se laisse faire, la *patcho* est terminée, et le marché va ordinairement se conclure au cabaret voisin.

D'autre part, une foule de campagnardes, laides ou jolies, mais presque toutes ayant de fraîches couleurs et d'expressives physionomies, se tiennent debout, attendant la pratique avec des paniers remplis de produits des fermes : œufs, volailles, fromages, légumes. De ce côté le marché est moins bruyant, mais non moins curieux. Les cris des animaux forment, avec le bourdonnement général du marché, un concert où l'harmonie, sinon l'originalité, fait souvent défaut.

Le docteur et ses compagnons prirent beaucoup d'intérêt à ce spectacle.

Tout à coup Jean-Joseph aperçut le curé des Usclades qui traversait la place.

Il courut à lui et ils échangèrent une amicale poignée de mains.

Jean-Joseph demanda au curé des nouvelles de la famille Chabal.

— Ces pauvres gens, dit le curé, l'ont échappé belle. Ils allaient être expropriés par Marcellin, quand la sainte Vierge en personne est venue à leur secours.

— Comment cela, Monsieur le Curé ?

— L'histoire vous paraîtra incroyable, mais j'en affirme l'authenticité. Une nuit, je fus éveillé par le bruit de petits cailloux que l'on jetait doucement contre une fenêtre du presbytère. J'allai ouvrir. Je ne pus distinguer personne dans l'obscurité, mais j'entendis une voix qui me dit :

— Soyez le premier demain matin, Monsieur le Curé, à entrer dans l'église, et demandez à la Vierge son secours pour la famille Chabal.

Le lendemain, dès l'aube, j'allai m'agenouiller et prier devant la statue de la Vierge. En me relevant, je vis une bourse dans les mains de l'enfant Jésus. Elle contenait au delà de la somme nécessaire pour libérer Chabal, et c'est en partie pour le règlement des dernières formalités avec les hommes d'affaires que je suis descendu des Usclades et que vous me rencontrez ici aujourd'hui.

— J'en suis enchanté pour les Chabal, dit Jean-Joseph, car ce sont de braves gens, dont j'ai gardé le meilleur souvenir.

— Un bonheur plus grand leur est échu depuis, ajouta le curé en le regardant attentivement. Leur fille Rose est revenue et fait l'édification de la contrée.

— Rose! Ah! je me souviens de cette triste histoire. Tant mieux pour elle et pour eux! Pourriez-vous me donner des nouvelles de Jédi, le Roi des braconniers? Je lui dois la vie deux fois, et j'irais bien le remercier si je savais où le trouver.

— Il y a plus d'un an que personne ne l'a vu. Depuis votre passage aux Usclades, un grand événement a troublé son existence vagabonde : Jédi a été arrêté, mis en prison, et il a fallu une sorte de miracle pour le sauver.

— Quel misérable a pu l'accuser injustement?

— On ne l'a pas accusé injustement, mais il n'était pas si coupable non plus qu'on le disait.

Vous savez qu'une vieille amitié unissait le Roi des braconniers à la famille Chabal.

Or Chabal allait être exproprié par l'usurier Marcellin, qui, avec une habileté infernale, avait amené le pauvre paysan à lui devoir une somme trop forte pour pouvoir jamais s'acquitter envers lui.

Jédi excitait Chabal à ne pas se laisser exploiter impunément par l'usurier.

— Tu es un imbécile, disait-il. Si le chien ne montrait pas les dents au loup, il aurait le sort des moutons, il serait dévoré. Montre les dents à Marcellin. De gré ou de force, oblige-le à te rendre tes billets. Puisqu'il t'a volé, tu ne lui dois plus rien.

— Non, disait Chabal ; seulement, s'il était juste, il réduirait ma dette à ce que je lui dois réellement, quelque chose comme 300 fr. au lieu de 2,000.

—Va-t'en voir s'ils viennent, Jean que tu es? répondait Jédi en frappant du pied avec fureur. Es-ce que les usuriers savent ce que c'est que la justice et la pitié? Ah ! si je ne craignais pas qu'on te soupçonnât !..... car je ne lui dois rien, moi, et ceux qui soupçonneraient le fusil de Jédi n'oseraient pas le dire.

— De grâce, tais-toi ! Marcellin est une canaille, mais il a une sainte fille qui s'efforce de le ramener dans la voie droite, et qui, un jour, réparera autant que possible le mal qu'il aura fait. Elle nous a rendu de grands services, et je me croirais aussi coupable que Marcellin lui-même, si je me vengeais sur son père.

— Il n'en est que plus impardonnable, ayant une sainte fille, d'être un si méchant homme, répliquait Jédi.

Et il ajoutait :

— Je ne comprends pas tes scrupules. Moi, je suis le braconnier de la justice. A chacun son droit. Si on me le refuse, à moi, mon fusil. Ce n'est pas le cas de patienter, quand un coquin abuse de vous.

— Si tout le monde raisonnait comme toi, Jédi, où en serions-nous? L'un voit la justice d'une manière et l'autre la voit d'une autre. Combien de disputes voyons-nous où chacun croit avoir le bon droit? Avec toi, il faudrait donc, dans ces cas-là, qu'il y eût toujours un mort. Un juge, quoique se trompant quelquefois, vaut mieux qu'un fusil.

— Mais, si tout le monde était résigné comme toi, les coquins auraient trop beau temps. Veux-tu parier que Marcellin ne me ferait pas ce qu'il te fait à toi ?

— Il est certain qu'il ne te prendrait pas de gros intérêts, attendu qu'il ne te prêterait rien. La société est justement faite pour que tout le monde soit résigné et, malgré cela, que tout le monde ait justice. Je comprends que tout ne va pas pour le mieux. Mais enfin cela va mieux qu'autrefois, surtout si je me rappelle les récits de mon pauvre père. J'espère que cela ira encore mieux plus tard.

Tout cela ne convainquit pas Jédi, qui jura intérieurement que l'usurier serait puni.

Un jour il le rencontra seul, à cheval, sur la route de Montpezat, et voulut le persuader d'user de ménagements et de miséricorde envers Chabal. Ses conseils étant fort mal reçus, il employa la menace. Marcellin prétendit même que le Roi des braconniers l'avait couché en joue. Aussi l'usurier alla-t-il incontinent déposer sa plainte auprès de l'autorité judiciaire, qui lança contre Jédi un mandat d'amener. Jédi devint alors introuvable. Peut-être les gendarmes se souciaient-ils peu d'aller affronter le Roi des braconniers sur la montagne.

Peu de jours après, l'usurier reçut un billet ainsi conçu: « Je te préviens que je tirerai sur toi la première fois que je te rencontrerai.

» *Signé :* Jédi...»

Marcellin resta plusieurs mois sans oser sortir d'Aubenas, attendant avec impatience que la capture de Jédi lui rendît sa liberté.

Quelques cinq ou six mois après, il fit, en s'entourant de mystère, le voyage d'Alais, où des affaires importantes l'appelaient. Là, du moins, il crut pouvoir jouir sans péril de sa liberté, et il alla d'autant plus volontiers respirer l'air pur de la campagne, que cette distraction lui était interdite en Vivarais.

Or Jédi l'avait suivi à Alais, et, un jour, l'usurier éperdu le vit surgir devant lui comme un fantôme, du milieu des oseraies qui bordent le Gardon.

— Tu n'as plus qu'un moyen de salut, lui cria Jédi : c'est de me jurer ici, sur l'âme de ton père, que tu ne demanderas plus rien aux Chabal.

L'usurier, soit frayeur, soit parti pris, resta muet.

— Une fois ! dit lentement Jédi, en le regardant fixement. Deux fois !

— Trois fois ! ajouta-t-il d'une voix tonnante.

Et il abaissait son fusil contre le misérable.

— Miséricorde ! cria celui-ci.

C'est tout ce qu'il put dire, et il tomba sans connaissance.

Le Roi des braconniers resta tout interdit. Il alla prendre de l'eau et en jeta sur la figure de Marcellin, qui reprit connaissance.

— N'aie pas peur, lui dit alors Jédi. Ton attitude piteuse me désarme. Comment faire pour tirer sur des gens qui s'évanouissent ? Seulement, j'espère que tu auras bien compris cette fois ce qui t'attend, n'importe le lieu où tu te caches, le jour où tu ferais de nouvelles misères à mon ami Chabal.

L'usurier était si effrayé, qu'il n'osa pas déposer sa plainte à Alais et qu'il repartit le soir même pour Aubenas, où il arriva le lendemain.

Là, après s'être bien enfermé dans sa maison, il écrivit au parquet de Privas tout ce qui s'était passé, en ajoutant même que Jédi avait tiré sur lui, mais qu'il l'avait manqué.

La justice donna alors les ordres les plus rigoureux pour s'emparer de Jédi, et les gendarmes, stimulés par leurs chefs, firent si bien qu'ils finirent par s'emparer du Roi des braconniers, une nuit, tandis qu'il dormait dans une grange du Coiron.

Le malheureux fut conduit dans la prison de Privas et de là à Nîmes, où son procès s'instruisit rapidement.

Peu de jours après, Jédi vit entrer dans sa cellule deux femmes, dont l'une portait le costume des sœurs de Charité. L'autre était petite, laide et contrefaite, mais ses regards et ses paroles respiraient une douceur et une charité infinies, et on se sentait instinctivement saisi de respect à sa vue. Les deux femmes apportaient au prisonnier des vêtements et des vivres. Puis elles causèrent avec lui, et Jédi leur dit tout, sans rien cacher.

— Le pauvre homme ! dit la sœur. Il est perdu, puisque, sauf le coup de fusil, il confirme lui-même toute l'accusation portée contre lui.

— Est-il vrai, dit l'autre femme, que vous n'ayez pas tiré sur Marcellin ?

— Le Roi des braconniers ne ment pas, dit sèchement Jédi. Et puis la preuve est au bout : si j'avais tiré, ce n'est pas lui qui me ferait poursuivre aujourd'hui.

— Je serais tentée de croire, dit la sœur à sa compagne, que le prisonnier dit vrai. Son crime est, d'ailleurs, bien assez grand comme cela. Ecoutez, mon brave, ajouta-t-elle, nous voudrions vous sauver, si c'est possible. Peut-être y parviendrons-nous si vous voulez nous y aider un peu. Je vous laisse un instant avec ma compagne. Écoutez-la bien, et surtout profitez de ce qu'elle vous dira.

Elle sortie, la femme inconnue dit au prisonnier :

— Jédi, je vous connais depuis longtemps, bien que vous ne me connaissiez pas. Je ne veux pas examiner ce qui s'est passé ; je crois à tout ce que vous venez de dire. Je ne vous demande qu'une chose, c'est votre parole que vous renoncerez à vos mauvais desseins contre Marcellin. Dites un mot, et nous ferons l'impossible pour vous tirer du mauvais cas où vous vous êtes mis.

Jédi répondit :

— J'ai juré de tuer Marcellin, s'il exproprie Chabal. Je le ferai si je sors, comme je l'aurais fait auparavant.

Il prononça ces mots avec une rudesse et une résolution qui firent tressaillir son interlocutrice.

Après un instant de silence, pendant lequel elle sembla adresser intérieurement une prière à Dieu, celle-ci reprit :

— Jédi, le bon Dieu m'inspire. Ecoutez-moi, je suis la fille de Marcellin. Je vais travailler à vous sauver comme si vous aviez fait la promesse que je vous ai vainement demandée, parce que je suis sûre que, sauvé par la fille, vous n'aurez pas le courage de faire aucun mal au père. Je ne vous demande plus qu'une chose: laissez dire à votre avocat tout ce qu'il voudra, lors même qu'il vous présenterait comme n'ayant pas toute votre raison. Et surtout ayez confiance en Dieu, et soyez convaincu que votre ami Chabal a en lui un protecteur moins dangereux et plus efficace que vous.

La sainte fille sortit, laissant le Roi des braconniers stupéfait et songeur.

Le prisonnier regarda au fond de son âme et il s'avoua vaincu. Son orgueil et ses ressentiments fléchirent devant la grandeur de l'acte dont il allait bénéficier. Il se trouva bien petit, dans son rôle d'ami dévoué et de redresseur de torts, en présence du pardon magnanime et de la protection généreuse que lui accordait la fille de Marcellin.

Il se sentit en quelque sorte l'âme retournée, et il se dit : Cette femme a raison ; je ne ferai jamais plus ni peur, ni mal à son père.

L'affaire vint aux prochaines assises. On entendit, non sans surprise, l'usurier atténuer ses déclarations premières. Il n'affirma plus avec la même assurance le fait du coup de fusil. De son côté, la défense soutint que le prévenu n'avait pas sa raison. Les jurés, édifiés sur la moralité de Marcellin et frappés du banditisme chevaleresque de Jédi, admirent ce moyen et rendirent un arrêt de non-culpabilité.

En sortant du tribunal, Jédi fit dire à la fille de Marcellin que son père n'avait plus rien à craindre de lui et qu'il s'en remettait à elle-même du soin de protéger la malheureuse famille Chabal.

Il revint en Vivarais ; mais depuis il a renoncé au braconnage et ne fréquente plus que les parties les plus sauvages de nos montagnes, où il passe sa vie à chasser le loup. Il vient très-rarement aux Usclades, et il y a plus d'un an que les Chabal ne l'ont pas vu, bien qu'un berger prétende l'avoir rencontré revenant de Montpezat, la veille même du jour où l'enfant Jésus me donna l'argent pour sauver la famille Chabal.

Jean-Joseph invita le curé à venir passer une journée avec lui à Vals; mais le curé, pressé de remonter aux Usclades, ne put pas accepter cette invitation.

Jean-Joseph quitta alors le bon prêtre, sans se douter que celui-ci lui avait parlé de la femme dont le souvenir remplissait son âme.

*
* *

Huit jours se passèrent sans incident. On fit beaucoup de courses dans les environs. On visita les bords pittoresques de la Volane, de l'Ardèche, de l'Alignon, de Besorgues, de Fontaulière et de la rivière de Burzet. Nos voyageurs remontèrent jusqu'au Ray-Pic. Le docteur Barbelin et nos jeunes gens étaient toujours par monts et par vaux. Le docteur, voyant que Jean-Joseph restait soucieux et préoccupé, avait espéré que la distraction et le mouvement finiraient par lui rendre la paix du cœur. C'est le contraire qui arriva, à cause des souvenirs que chaque excursion, chaque site, réveillait dans l'âme de notre ami. Au départ de Lyon, son ancienne passion pour Éva n'était qu'une douleur sourde, un malaise profond, mais presque indéfinissable ; après quinze jours passés à Vals, c'était une maladie déclarée. Jean-Joseph s'avoua alors qu'il aimait Éva plus que jamais, qu'il était venu en réalité pour elle et non pour Vals, et, bien qu'il n'eût encore jamais réfléchi sur ce qu'il ferait s'il la retrouvait, il sentait fort bien que, dans ce cas, il n'aurait pas la force de lui cacher ses sentiments et d'affronter le déchirement d'une nouvelle séparation.

C'est dans ces dispositions qu'un beau jour il se dirigea seul, comme poussé par une puissance invincible, vers la grand'route d'Aubenas au Puy, où il prit la voiture publique qui passait à la Chavade.

Là, il descendit et fut aussitôt reconnu par les maîtres de l'auberge. Il les remercia cordialement des soins dont il avait été l'objet deux ans auparavant.

L'hôtesse, curieuse comme toutes les femmes, et qui avait pressenti un mystère, lui dit alors :

— Ce n'est pas nous, Monsieur, qu'il faut remercier ; c'est la jeune dame qui vous a soigné.

— Quelle dame ? fit Jean-Joseph tout étonné.

— La dame avec qui vous étiez passé ici quelques heures auparavant, et qui était revenue seule le soir.

— Est-ce que j'aurais perdu la mémoire ? dit Jean-Joseph ; je ne me rappelle pas l'avoir revue.

— C'est qu'elle se cachait soigneusement derrière le rideau, au pied ou à la tête de votre lit. Mais c'est elle qui était là constamment, surtout les premiers jours où vous étiez si malade, et elle n'est partie qu'après l'arrivée de votre ami le docteur et quand elle a su que vous étiez complétement hors de danger.

Cette révélation produisit, comme on pense bien, sur notre ami, une impression extraordinaire. Il aurait voulu adresser bien des questions à son interlocutrice, mais, ne voulant pas faire de confidence, il dissimula ses sentiments et se contenta de dire : Ah ! c'est vrai, je l'avais oublié.

Après déjeuner, Jean-Joseph prit un cheval et se dirigea à travers les prairies et les pâturages, vers l'endroit où, deux ans auparavant, ses amours avec Éva avaient subi un si brusque et si épouvantable dénoûment.

Il retrouva la maisonnette et ses habitants, mais l'enfant avait été repris depuis longtemps par la mère, et il reconnut bien vite que le garde et sa femme ignoraient eux-mêmes la retraite d'Éva.

Il revint à la Chavade encore plus triste et plus préoccupé qu'il n'en était parti. Ce qu'il y avait appris était la goutte d'eau qui avait fait déborder son cœur et l'avait décidé à chercher Éva. Il voulait la remercier, l'assurer de ses sympathies. Mais il sentait fort bien que, s'il ne voulait pas, s'il ne devait pas lui parler d'amour, son cœur n'en était pas moins la proie des sentiments les plus ardents.

De retour à l'auberge, il fit encore causer l'hôtesse. Celle-ci lui raconta qu'elle avait souvent surpris la jeune dame à pleurer et à sangloter. Ce qui étonna le plus Jean-Joseph fut d'apprendre qu'Éva connaissait le Roi des braconniers. Jédi en la voyant l'avait embrassée. Ils étaient très-émus tous les deux. C'était elle qui avait envoyé le soir Jédi à sa recherche. Le lendemain, tandis que Monsieur était très-malade, le Roi des braconniers était parti et la jeune dame l'avait accompagné à quelque distance. Mais, au fait, ajouta-t-elle, il est bien certain qu'ils se connaissaient depuis longtemps, puisqu'elle l'appelait *Parrain!* et que lui l'appelait simplement : *Rose!*

— Rose! s'écria Jean-Joseph, pour qui ces paroles étaient une révélation complète. Ah! du moins maintenant, se dit-il, je sais où je la retrouverai.

Deux jours après, notre héros, revenu à Vals, se promenait très-soucieux, très-incertain de ce qu'il ferait, et surtout très-distrait, dans une des allées qui avoisinent les sources, quand il s'entendit apostropher assez vivement de l'épithète de maladroit.

Il se retourna et aperçut Mme B... qui le regardait d'un air moqueur, et qui éclata de rire en lui disant :

— Vous avez failli me marcher sur les pieds ; mais, d'un rêveur comme vous, cela n'a rien d'étonnant.

Jean-Joseph s'empressa de présenter ses excuses et ses compliments, très-ravi au fond de cette rencontre inattendue, d'où il espérait savoir quelque chose d'Éva.

Il offrit son bras à Mme B.., qui, soit intérêt véritable, soit pure curiosité, probablement par les deux motifs à la fois, ce qui est le cas habituel des dames, l'accepta avec plaisir. Ils se dirigèrent vers le bois de châtaigniers qui domine le bassin des eaux, en causant des personnes et des choses d'autrefois, mais en évitant toutefois, comme d'un accord tacite, de parler d'Éva. Jean-Joseph mourait d'envie d'en entendre parler. Mme B..., de son côté, semblait attendre des confidences qui ne venaient pas.

A mi-côte, ils s'assirent sur des siéges champêtres, et, après avoir regardé la foule des baigneurs qui s'agitait là-bas, à leurs pieds, comme une fourmilière, Jean-Joseph rencontra les regards de Mme B... attachés sur lui avec un air si moqueur, qu'il lui dit :

— Est-ce que vous avez toujours, Madame, la seconde vue ?

— Plus que jamais,

— Alors vous ne devriez pas vous moquer, mais me plaindre,

Cet aveu lâché, il ne s'arrêta plus. Il raconta à
Mme B... tout ce qui s'était passé entre lui et Éva, et ses
deux courses à la Chavade, où il venait seulement d'apprendre le nom et la retraite de sa bien-aimée.

Mme B... parut péniblement surprise à cette dernière
partie de son récit.

— Il vaudrait mieux pour vous, dit-elle, et pour Éva,
que vous eussiez toujours ignoré ce que vous venez d'apprendre. Quelles sont vos intentions ?

— Et le sais-je moi-même ? Je l'aime, je l'adore, je la
cherche, parce que cela est plus fort que moi. Puis-je
savoir jusqu'où cela me conduira, bien que j'aperçoive
distinctement les obstacles qui me séparent d'elle.

— Quels obstacles ?

Jean-Joseph regarda fixement Mme B..., cherchant si
elle parlait sérieusement.

— Oui, répéta-t-elle, quels obstacles ? Les plus sérieux ne sont peut-être pas ceux que vous pensez.

— Ces obstacles, répliqua Jean avec vivacité, se ré-
duisent à un seul ; car, ma conscience étant en repos,
je me soucie fort peu de ce que peut dire ou penser le
prochain. Mais il y a au fond de mon âme une voix
dont je ne peux pas et je ne dois pas me moquer, qui me
dit : Éva est trop digne d'estime et de sympathie pour en
faire une maîtresse, et...

— Et ?...

— Et tu ne peux pas cependant épouser une fille-
mère.

Le pauvre garçon avait réuni tout son courage pour
prononcer ces paroles. Il en resta lui-même honteux et
stupéfait.

— Cher Monsieur, dit Mme B., après un instant de silence, laissez-moi vous dire que la première sagesse est de s'en tenir aux difficultés présentes et réelles, sans aller au-devant d'épreuves qu'on n'aura peut-être jamais à subir. Je me garderai de prévoir ce que vous feriez, si l'éventualité en question se présentait; mais je suis bien sûre que les plus grosses difficultés, et probablement le refus final, viendraient d'un autre côté plutôt que du vôtre.

— J'ai mérité cette leçon, dit Jean-Joseph, bien qu'il n'y ait eu dans ma pensée rien d'offensant pour Éva. Que me conseillez-vous, Madame?

— D'oublier.

— Impossible.

— Eh bien! souvenez-vous, au contraire, mais puisez dans ces souvenirs la force de quitter immédiatement le pays.

Jean-Joseph garda un instant le silence. Puis il releva la tête en disant:

— Tout bien considéré, pourquoi ne l'épouserais-je pas, si elle y consentait?

— Ah!

— Croyez-vous, chère Madame, que je n'aie pas souvent réfléchi sur les injustices du sort à l'égard de tant de malheureuses femmes qui, placées dans de meilleures conditions, auraient été des modèles de vertu, et dont tout le crime est d'être nées à tel endroit plutôt qu'à tel autre, de n'avoir pas trouvé en naissant les exemples, les leçons et les soins qui ont valu à leurs sœurs privilégiées les honneurs et les avantages d'une vertu facile? Tout esprit droit aime à croire que Dieu tiendra compte

de ces inégalités dans les suprêmes répartitions de sa
justice. Serait-ce donc un crime de l'imiter sur ce point
dès ce monde et, dans nos jugements sur les femmes, de
regarder le mérite encore plus que la vertu, ou plutôt
de regarder avant tout, dans la vertu, ce qui est le fruit
des efforts de la personne plutôt que le bénéfice de la
situation ?

— Tout cela est très-vrai, mais peu pratique, au
moins dans le monde où nous vivons. Hélas! l'expérience
a beau dire que la première possession est presque toujours un accident, légal ou autre, plutôt que l'effet de la
volonté ou même de l'amour ; cet accident n'en pèse pas
moins, par une nécessité fatale, sur toute la vie d'une
personne. Dieu peut être indulgent, et il l'est sans doute,
parce qu'il est infaillible. Si le monde l'est moins, c'est
probablement parce qu'il y aurait à son indulgence encore plus d'inconvénient qu'à ses sévérités actuelles.

— Si je vous comprends bien, vous donnez raison au
monde contre Éva, et vous me blâmeriez de l'épouser.

— Personne mieux que moi ne sait combien la personne dont vous parlez est méritante aux yeux de Dieu.
Je ne vous blâme pas, mais je l'aime trop pour lui souhaiter autre chose que le calme d'une vie uniquement
consacrée à Dieu, en dehors de toute affection terres-
tre. Elle a le cœur trop élevé pour se pardonner à elle-
même sa première chute, et elle sait qu'une renoncia-
tion spontanée et irrévocable aux joies et aux vains
honneurs de ce monde est une condition indispensable
pour obtenir, non pas l'acquittement, mais l'oubli. Songez, cher Monsieur, qu'Éva a retrouvé le calme et la
tranquillité dans son village. Elle s'est résignée à son

sort. Elle jouit, dans sa famille, de tout le bonheur re-
latif qu'il est possible de rencontrer en ce monde. Elle
élève sa fille honnêtement, chrétiennement, dans la condition simple d'où elle n'était sortie elle-même que par
une effroyable catastrophe. Ce serait un crime et une
profanation de chercher à ébranler cet édifice de paix si
péniblement reconstruit. Je vous en conjure, au nom
d'Éva, dont je connais les plus secrets sentiments et à
qui je voudrais épargner des émotions qui, d'ailleurs,
pourraient être fatales à sa santé, ne sortez pas de l'oubli
où vous êtes entré, il y a deux ans. N'allez pas aux
Usclades. Qu'elle ignore même que vous êtes jamais revenu dans ce pays. Si vous m'en croyez, quittez Vals
au plus tôt.

— Je n'ose rien vous promettre, répondit Jean-Joseph;
mais soyez convaincue que, si je prends un jour la route
des Usclades, ce ne sera pas sans y avoir mûrement
réfléchi.

* *
*

Le docteur Barbelin, qui était reparti pour Lyon la
semaine précédente, avait écrit, la veille, la lettre suivante, que Brison communiqua aussitôt à Jean-Joseph:

« Mes chers enfants,

» Que diable lambinez-vous tant là-bas en Vivarais?
Voilà près d'un mois que vous y êtes, et c'est une cure
plus que suffisante à toute honnête personne. Et puis, je
m'ennuie sans vous. Je crains aussi que l'air de Vals ne
soit pas favorable à Jean-Joseph. Revenez donc vite
tous les trois.

» Je ne veux pas dire du mal du Vivarais; mais Lyon,

avec ses deux fleuves et leur riche accompagnement de
collines et de vallées, a bien autant de poésie.... avec
beaucoup plus de confortable. Je vous informe, mon
cher neveu et mon aimable nièce, — et je vous prie
aussi d'en faire part à notre mélancolique ami, — que je
viens de découvrir, du côté de l'île Barbe, une délicieuse
maisonnette avec jardin et belvédère sur un rocher, au
pied duquel la Saône, qui vaut bien la Volane, clapote
des romances aqueuses depuis quelques mille ans. Il y
a sur le rocher un énorme fourré de ronces où le rossi-
gnol chante et niche. Cet ermitage m'a paru si charmant, que je l'ai loué avec l'intention d'y aller avec vous
tous les dimanches de la belle saison. N'attendez donc
pas qu'elle soit finie. Samedi soir, mon domestique m'y
précédera avec un gigot et quelques bouteilles de vieux
beaujolais. La table sera mise le lendemain pour quatre.
Ne me laissez pas seul en face de toutes ces provisions.

» Parlons d'autre chose. Il y a des rencontres singu-
lières dans ce monde. A peine de retour ici, je suis appelé
à la Guillotière, dans une maison d'assez triste appa-
rence. Je monte à l'endroit désigné, et j'entre dans une
mansarde mal éclairée et mal meublée, où tout respirait
la misère et l'abandon.

» Il y avait dans un coin, sur un grabat, un mourant,
et près de lui un prêtre.

» — Vous êtes M. le docteur Barbelin ? fit-il en me
voyant.

» Sur ma réponse affirmative, il ajouta :

» — Vous saurez tout à l'heure, Monsieur, pourquoi je
vous ai dérangé de préférence. Pour le moment, je vous
demande une décision plutôt que des soulagements. J'ai

vu mourir quelqu'un de la même maladie que moi, et la marche du mal m'est restée si profondément gravée dans la mémoire, que je pourrais calculer, sans me tromper de beaucoup, le nombre d'heures qui me restent à vivre. Parlez donc sans crainte de m'effrayer. M. l'abbé sait déjà que je suis tout résigné.

» J'examinai le malade, et, tout en cherchant à lui donner quelque espoir, je vis trop qu'il ne se trompait pas et qu'il en avait tout au plus pour vingt-quatre heures. L'enflure avait déjà gagné le cerveau, et je fus même étonné de trouver, avec un tel délabrement physique, tant de lucidité et de résolution.

» — Docteur, dit-il ensuite, ne me reconnaissez-vous pas ?

» — Non.

» — Vous ne vous souvenez pas d'un village du Vivarais, assez loin de Vals, où vous avez soigné, il y a une dizaine d'années, un malheureux qui avait reçu une balle dans la cuisse ?

» C'était, en effet, l'ancien coq de village qu'avait châtié le Roi des braconniers.

» — Oh ! parbleu, ne pus-je m'empêcher de lui dire, on nous a dit l'autre jour, à Aubenas, que votre adversaire ne chassait plus maintenant que les loups.

» — Je voudrais qu'il fût là, dit le mourant, et avec lui les autres habitants de la montagne, afin que tout le monde connût ma punition et mon repentir, comme tout le monde a connu mon crime. Je suis l'homme le plus méprisable de la terre. J'ai séduit lâchement et abandonné encore plus lâchement une honnête fille. Dieu m'en a puni d'abord en m'obligeant à quitter ma famille,

9*

mon pays et ma condition humble, mais suffisante pour
une existence heureuse. Au lieu de rester un paisible
travailleur de terre, j'ai été jeté dans le milieu irrégulier, turbulent, des ouvriers de ville. A mes vices j'ai
ajouté les leurs. J'ai cherché dans la débauche l'étourdis-
sement et l'oubli. Je n'y ai trouvé que la misère, le mépris des autres et l'horreur de moi-même. J'y ai perdu
la foi à l'indulgence de Dieu, dont j'aurais aujourd'hui
un si grand besoin. La mort, qui va me saisir, me fait voir
toute la profondeur de l'abîme où le premier crime m'a
fait rouler. Je ne sais pas si Dieu pourra avoir pitié de
moi. Je veux du moins que ma fin misérable soit connue
de tous ceux qui ont connu mon crime, afin qu'on sache
bien que, même en ce monde, on n'échappe pas à la
justice de Dieu. Je vous prie donc, monsieur l'abbé,
d'écrire ce que vous venez d'entendre à M. le curé des
Usclades, et de lui dire qu'en mourant j'ai demandé pardon à Dieu, à ma pauvre mère et à mes concitoyens, de
tous les méfaits dont je me suis rendu coupable.

» L'effort suprême qu'il avait fait pour nous dire toutes ces choses avait épuisé le misérable, et je le laissai
râlant, plutôt que disant, au prêtre le reste de sa
confession.

» J'ai appris, depuis, qu'il était mort le soir même.

» Cette histoire peu gaie m'a rappelé le mot d'un vieux
poëte lyonnais :

« Les femmes sont les fleurs du jardin du bon
» Dieu, et il est impitoyable pour qui dévaste ses plates-
» bandes. »

» Cette histoire prouve aussi que les dramaturges
de l'Ambigu ne sont que de petits Florians, à côté de

celui qui tire de là-haut les ficelles de la destinée humaine.

» Au diable les drames! et vive l'églogue ! Venez vite : nous en ferons une tous les dimanches, avec le gigot en plus, dans la maisonnette de l'île Barbe. Recevez les embrassades de l'oncle

» Barbelin. »

* * *

Il est probable que le docteur Barbelin se serait abstenu d'écrire cette histoire, ou du moins qu'il aurait recommandé de ne pas en parler à Jean Joseph, s'il avait su que le mort de la Guillotière fût pour quelque chose dans les malheurs d'Éva.

Lorsque Jean-Joseph eut terminé la lecture de cette lettre, il dit :

— Puisqu'il y a une justice pour punir, il doit y en avoir une pour récompenser.

Brison et sa femme ne comprirent pas, naturellement, la pensée secrète qui dictait ces paroles.

— Eh bien ! dit Brison, quand partons-nous ?

— Mes chers amis, répondit Jean-Joseph, ne m'attendez pas. Il m'est impossible de répondre à l'invitation du docteur pour dimanche, mais je vous engage à y aller. Moi, je reste encore quelques jours.

On le sollicita vainement de revenir sur cette décision ; tout fut inutile.

Le lendemain, M. et Mme de Brison partirent, quoique avec un vif regret de laisser Jean-Joseph à Vals, et avec le secret pressentiment du motif qui le retenait.

Notre héros resta trois jours plongé dans ses réflexions, brûlant de revoir Eva et n'osant donner suite à ce projet.

Au bout de trois jours, il s'aperçut qu'il avait encore plus rêvé que réfléchi ; car, dès le début, il était bien résolu à revoir la femme qu'il aimait.

Cette découverte faite, il se procura un bon cheval et prit un matin la route des Usclades.

Il arriva dans l'après-midi. Il savait qu'à cette heure la famille Chabal devait être tout entière occupée aux travaux des champs, et il espérait rencontrer Rose seule à la maison.

Ses prévisions se réalisèrent : Rose était seule, assise à l'ombre d'un grand arbre planté sur le devant de la maison du paysan. Sa beauté resplendissait encore sous le costume disgracieux des femmes de la montagne. Son visage n'avait pas changé, bien qu'un œil exercé eût aisément découvert dans sa pâleur et sa maigreur la trace des épreuves qu'elle avait eu à subir.

Elle était occupée à faire un vêtement pour sa petite fille. Celle-ci jouait à ses pieds avec un chien, et, par ses rires et ses petits cris, semblait vouloir la récompenser d'avance de sa sollicitude maternelle.

Jean-Joseph, resté à quelque distance, la considérait depuis un moment sans qu'elle l'eût aperçu. Il était troublé et embarrassé comme à une première entrevue.

Quand elle le vit, elle ne parut ni émue, ni étonnée. Quand il s'approcha, elle lui tendit la main avec ces simples mots :

— Ah ! c'est vous, Monsieur, je vous attendais.

Jean-Joseph ne put réprimer un mouvement de surprise.

— Oui, dit-elle, je savais par notre digne curé que vous étiez venu dans le pays, et un pressentiment secret me disait que nous nous reverrions encore une fois. Et cependant que venez-vous faire ?

— Éva, Rose, je vous aime plus que jamais ; je viens vous demander pardon et solliciter votre main.

— Le pardon, vous n'en avez pas besoin. Quant à ma main, je vous la refuse.

— Pourquoi ?

— Pour rester digne précisément de la démarche que vous faites. Je ne m'estimerais pas moi-même, si je n'y opposais un refus catégorique et inébranlable. Vous venez de me donner, Monsieur, une joie ineffable, la seule qui pût me toucher, en me montrant que vous m'aimiez assez, que vous aviez assez apprécié mes malheurs et mon repentir, pour vouloir, malgré ma faute, me donner votre nom. En vous inspirant une telle résolution, Dieu a été trop bon pour moi. Je vous dois aussi une gratitude éternelle. Vous avez fait pour me relever devant moi-même et devant le monde tout ce qui était en votre pouvoir et même au delà. Mais il m'est interdit d'accepter votre généreux sacrifice. Je ne veux pas que la risée, juste ou injuste, du monde, en soit le prix, et mon refus vous empêchera de lui en fournir le prétexte. Ami, donnons-nous, avec un adieu éternel, une bonne poignée de main. Voyez en moi une amie véritable et dévouée, mais qui ne peut rien vous être de plus et dont tous les désirs s'adressent au delà de ce monde.

Elle garda un moment le silence, puis elle ajouta :

— Je vous ai dit tout ce que je pouvais vous dire : adieu !

Elle voulut rentrer dans la maison avec sa petite fille, qui s'était suspendue à son bras et qui regardait Jean-Joseph avec une curiosité mêlée de terreur. Jean-Joseph l'arrêta. Il se jeta à ses genoux et chercha, par les plus ardentes supplications, à la faire revenir sur ses résolutions. Il prit l'enfant dans ses bras et lui prodigua ses caresses, en disant à Rose : « Je l'aimerai autant que vous. » Ces paroles firent venir une larme aux yeux de Rose. Elle se contenta de répondre : « Si je venais à lui manquer, veillez sur la pauvre orpheline. » Mais elle fut inébranlable ; et, tout en le congédiant avec douceur, elle mit dans ses paroles un tel accent de fermeté, que Jean-Joseph fut obligé de comprendre qu'une plus longue persistance serait inutile.

Il s'en alla en lui disant :

— Rose, vous m'obligez à partir, la mort dans le cœur. Permettez-moi de ne pas désespérer. Je serais trop malheureux si je devais renoncer pour toujours à vous revoir.

Elle lui répondit :

— Nous nous reverrons dans un monde meilleur !

En quittant Rose, notre héros se rendit chez le curé, à qui il raconta tout ce qui s'était passé.

Le curé lui dit :

— Si, avant d'aller chez Chabal, vous étiez venu ici,

je vous aurais conseillé de ne pas revoir cette pauvre fille, et je vous aurais, je l'espère, persuadé.

— Hélas ! Monsieur le Curé, je crois bien que vous auriez échoué, tellement est irrésistible le sentiment qui m'entraîne vers elle.

— Je vous aurais dit : Ne touchez pas à la créature sur qui le Seigneur a répandu sa grâce. Rose a retrouvé ici la paix du cœur ; nous avons tous oublié sa faute, parce qu'elle l'a effacée par sa conduite ultérieure. Nous savons par Mme B... et la respectable demoiselle Marcellin que, depuis son départ des Usclades, sa vie a été irréprochable. Depuis sa rentrée au bercail, elle nous donne chaque jour l'exemple des plus rares vertus. Plusieurs partis convenables se sont présentés, elle les a tous refusés sans hésitation, en disant qu'elle devait être plus sévère pour elle-même que ne l'était le prochain, et qu'elle n'aurait qu'à cette condition sa grâce complète de Dieu et des hommes Elle vit comme une sainte, partageant tous ses moments entre la prière, l'éducation de sa fille et les soins domestiques dans lesquels elle aide sa mère. C'est la providence de sa maison et l'édification de la paroisse. Elle jouit de tout le bonheur que Dieu accorde à ceux qui l'aiment et ont confiance en lui. Est ce que vous vous imaginez pouvoir lui en donner un plus grand et plus durable ?

— Je ne sais, mais peut-être tout ce que vous me dites aurait-il été impuissant à me retenir. Mme B... m'avait dit à peu près la même chose, sans me convaincre. Je ne renonce pas encore à l'espérance de la fléchir.

— Eh bien ! cher Monsieur, j'ai d'autres arguments plus puissants, dont j'aurais voulu ne pas faire usage.

N'avez-vous pas remarqué la maigreur de la pauvre enfant? En regardant son visage, n'avez-vous pas aperçu le contraste de la rougeur des pommettes avec la pâleur des joues et l'éclat singulier du regard?

— Mon Dieu! vous m'épouvantez! Sa santé serait-elle sérieusement compromise?

— Nos santés, comme nos volontés, sont dans la main de Dieu. Nous ne savons rien, mais nous craignons tout. Certains indices, visibles pour tout autre que pour vous, font croire que les épreuves que Rose a supportées ont laissé dans son organisme un germe fatal. Depuis plus d'un an, je prie tous les jours pour sa guérison, sans oser trop l'espérer et surtout sans qu'elle s'en doute. Or, dans ces maladies, il faut surtout éviter les émotions. Vous lui avez fait mal sans le savoir, en vous présentant à elle. Dieu veuille que vous ne lui ayez pas porté le coup mortel! Ce que je vous dis là, le médecin, qui est encore passé ici avant-hier, vous le dirait, s'il était là, et il vous demanderait au nom de son art, comme je vous le demande au nom de la charité chrétienne, de ne plus revoir notre pauvre malade.

— Ah! Monsieur le Curé, comment résister à de si douloureuses raisons? Je vais partir. Mais si vous saviez comme je souffre!

Et il éclata en sanglots, et les larmes coulèrent en abondance de ses yeux.

Quand cette explosion fut passée, il s'excusa auprès du digne prêtre; il le remercia; il lui recommanda chaleureusement Rose et son enfant. Il lui fit promettre de lui donner de ses nouvelles, s'il se produisait dans son état quelque changement notable.

Aussitôt après, il prit la route de Vals, d'où il repartit bientôt pour Lyon.

*
* *

L'Éditeur se trouve obligé d'interrompre ici sa narration, pour répondre à quelques observations qui lui sont adressées par plusieurs de ses lectrices.

On nous dit :

Vous glorifiez trop les filles coupables : cela décourage les autres. Vous donnez à celles qui ont failli un prestige et des allures d'héroïsme qui pourraient donner là tentation de leur ressembler. On voudrait presque avoir été coupable comme Rose, pour être ensuite élevée comme elle dans l'estime du héros du roman et sur le piedestal poétique que lui dresse la *Nymphe des Eaux.* Une de nos correspondantes s'étonne même qu'au lieu de raconter à nos lecteurs « *des histoires de Manon* » — nous protestons contre cette injuste appréciation — nous ne consacrions pas nos colonnes à la peinture d'un bon et paisible ménage.

Bien que l'Éditeur sache par expérience combien il est difficile de faire revenir les dames sur leurs idées préconçues, il va essayer de répondre brièvement aux reproches qu'on lui adresse.

Et d'abord il déclare que, si Rose est intéressante, ce n'est pas sa faute. La *Nymphe* n'invente pas, elle raconte simplement ce qu'elle sait. L'intérêt qui s'attache à la pauvre fille de la montagne prouverait que nous avons bien choisi notre sujet, si nos lecteurs avaient oublié que les circonstances ont joué un plus grand rôle que toute autre chose dans le début de ce roman.

La *Nymphe* peindrait volontiers un bon et paisible ménage, si elle ne craignait d'ennuyer son public. Il en est pour les écrivains comme pour les peintres : l'accident, la douleur, les abîmes, les catastrophes, sont les sujets où ils triomphent le plus aisément. Les bonnes âmes qui envient presque le sort de Rose oublient que le calme et l'éclat, le bonheur et la gloire, vont rarement ensemble dans ce monde. Heureux les peuples dont l'histoire est peu intéressante ! Heureux les ménages dont on ne dit rien ! La pauvre séduite des Usclades a payé chèrement le bruit, d'ailleurs bien restreint, qui se fait aujourd'hui autour de son nom, et j'imagine qu'elle nous prendrait singulièrement en pitié, des hauteurs de l'autre monde, si elle ne savait pas qu'en racontant la fin de cette histoire, nous avons été guidés encore plus par un but moral que par le désir de satisfaire la curiosité de ceux qui n'en avaient pas oublié le commencement.

Il y a aussi dans l'histoire de Rose un mélange de justice et d'indulgence qui contraste, d'une manière frappante, avec l'inconséquence des jugements humains, et que nous recommandons aux méditations de ce monde frivole qui pardonne si aisément aux séducteurs, tandis qu'il reste si impitoyable pour les victimes.

Soyez, Mesdames, plus indulgentes pour vos sœurs coupables. Hélas ! qui ne sait que les plus fortes d'entre les créatures humaines ne sont que faiblesse ? C'est aux dames surtout à faire désormais une meilleure répartition de leurs sévérités et de leurs miséricordes. Tout individu coupable d'avoir trompé une honnête personne devrait être mis au ban de l'opinion féminine. Si la loi

est impuissante en pareille matière, les dédains et le
mépris publics devraient réserver au coupable le châtiment qu'il a mérité.

*
* *

Extrait de quelques lettres adressées par Jean-Joseph
à Éva

Chère Éva,

Ne vous effrayez pas de recevoir une lettre de moi. Je
ne viens plus vous importuner de mon amour; je me
résigne à l'amitié que vous m'avez offerte. Laissez-moi
donc, à titre d'ami, mais d'ami profondément dévoué,
épancher mon cœur dans le vôtre, et vous prouver de
temps en temps, par une lettre, que rien ne saurait effacer
les sentiments d'affection et de respect que vous m'avez
inspirés.

Laissez-moi aussi penser que, du haut de vos montagnes, vous accordez quelquefois un souvenir sympathique à un homme qui vous est sincèrement attaché. Mon
amitié ne ressemble pas aux amitiés vulgaires. Vous l'avez
purifiée et élevée, sans en diminuer la force. Vous de-
vez en voir une preuve dans le langage que je vous parle
aujourd'hui.

Donnez-moi, Éva, des nouvelles de votre chère fillette.
Il me semble qu'elle est un peu mienne, depuis que vous
m'avez dit: « Si je venais à lui manquer, vous veilleriez
sur la pauvre orpheline. » Ces paroles sont gravées dans
mon âme.... Je suis si ému que je crains de ne pas maî-
triser assez mes sentiments. Une autre fois, mon amitié

sera plus calme et plus résignée. Je prie Dieu pour vous tous les jours, Éva ; je lui demande surtout de vous accorder tout le bonheur dont vous êtes digne, et de ne m'inspirer que des paroles et des résolutions qui puissent y contribuer.

———

3 novembre.

Vous ne me répondez pas. Ceci n'est point pour vous le reprocher; je sais, en effet, que toutes vos actions sont inspirées par des motifs généreux. Vous craignez sans doute d'entretenir dans mon sein une passion fatale. Pourquoi ne me croyez-vous pas quand je vous dis qu'une tendre amitié, une amitié respectueuse et dévouée, une affection où les sens n'ont aucune part, une affection désintéressée de toutes les considérations et de tous les intérêts terrestres, a remplacé cet amour ardent et tumultueux dont vous avez vu les manifestations et les déceptions.

Je n'ambitionne plus une place auprès de vous, Éva, dans ce monde, mais dans l'autre. Je ne vois plus en vous une femme, mais une sainte; et, si je me laisse aller à vous envoyer le témoignage de mon respect et de mes sympathies, c'est qu'il me semble qu'il n'y a rien là dont une sainte puisse être offensée.

Hier, fête des Morts, je suis allé au cimetière, où reposent les dépouilles de ceux qui ont souffert avant nous. Il faisait froid; le vent et la pluie agitaient les couronnes suspendues aux tombes. A travers de pieux souvenirs, je pensais au froid qui doit se faire sentir sur vos montagnes et à la fâcheuse influence qu'il peut avoir sur votre santé.

A ce propos, il m'est venu une idée que je serais heureux de vous voir adopter : Mme de Brison a dans le Midi, du côté d'Aix, une parente qui est supérieure d'une maison religieuse d'éducation pour les jeunes filles. Si vous vouliez y aller passer l'hiver avec votre enfant, elle en serait enchantée, et il vous serait aisé, grâce à l'instruction que vous possédez, de lui rendre bon nombre de petits services qui compenseraient au moins les frais de votre séjour sous un ciel plus clément. Mme de Brison en a déjà écrit à sa tante, qui est toute disposée à vous être agréable. Consultez votre vénérable curé; il pourra écrire lui-même à l'adresse que je joins ici.

Bien que la réalisation de ce projet dût encore augmenter la distance qui nous sépare, je la désire vivement, parce que je la crois favorable à votre santé et à celle de votre chère fillette. S'il ne convient pas de n'avoir en vue que le soin de sa santé dans ce monde, il ne faut pas non plus, Éva, la trop négliger, parce qu'elle nous rend plus aptes à remplir les devoirs que le Ciel nous impose. Le corps pour l'âme, et l'âme pour Dieu : c'est en quoi se résume la médecine religieuse. Les chemins qui aboutissent à l'autre monde sont assez nombreux, leurs pentes sont assez rapides et leurs issues assez imprévues, pour que nous ne cherchions pas les sentiers de traverse. Prenons la vie en patience, afin d'avoir mieux le droit d'accepter la mort, quand elle viendra, non comme la dernière épreuve, mais comme le remède et la récompense. Il faut que les jours, comme les illusions, s'envolent naturellement et nous précèdent vers Dieu, qui est la raison de tout et qui nous dira, entre autres secrets, celui du lien mystérieux qui a lié mon âme à la vôtre, et celui de l'inexplicable destinée qui sépare ensuite ce que la nature avait uni. Si, de là-haut, les choses de ce pauvre monde ne paraissent pas trop mesquines, nous causerons, Éva, de mes espérances et de nos douleurs. Vous me direz alors, du moins, pourquoi vous laissez sans un mot de réponse les lettres de celui qui sera toujours, quoi qu'il arrive, votre ami le plus affectueux et le plus dévoué.

1er janvei.

En venant vous souhaiter, Éva, que l'année où nous entrons soit plus heureuse pour vous que les précédentes, j'hésite et je me demande si nous savons bien ce que nous demandons en réalité, quand nous formons un vœu quelconque. Savons-nous si telles épreuves que nous voudrions éviter ne sont pas mille fois préférables à telles joies que nos désirs appellent? Seigneur, que votre volonté soit faite! Si nous comprenions bien la profondeur de cette prière, nous n'en ferions jamais d'autre.

---

2 février.

Nous avons eu quelques beaux jours de soleil. Je me disais : la nature se réchauffe et se réveille ; le soleil sourit et les oiseaux chantent. Qui sait si je ne recevrai pas, moi aussi, un rayon de soleil du haut de ces montagnes vers lesquelles tendent sans cesse toutes mes affections et toutes mes espérances? Hélas! je vois bien qu'il faut renoncer à obtenir de vous une parole, sinon de sympathie, au moins de compassion. Éva, pardonnez-moi cette plainte. Elle n'enlève rien à l'affection respectueuse que je vous ai vouée.

. . . .

* *

Au mois de mars, M. et Mme de Brisson firent remettre à Jean-Joseph une lettre dont l'enveloppe portait ces mots: Pour être remis, après ma mort, à M......, à Lyon.

Jean-Joseph, reconnaissant l'écriture d'Éva, s'enferma pour la lire et donner libre issue aux vives émotions que provoquait la vue seule de ce papier.

* *

Réponses posthumes de Rose

Octobre.

J'ai reçu votre lettre : elle m'a touchée profondément. Je vous le dis ici, mais pour que ces lignes vous soient remises seulement à l'époque où une correspondance entre nous n'aura plus d'inconvénient.

J'accepte votre amitié de grand cœur. Elle a été le seul rayon de mon existence déchue, tout en me faisant mieux ressentir l'immensité de mon malheur. Mais mon enfant n'est pas coupable et ne doit pas porter la responsabilité de ma faute. Je vous la lègue comme mon bien le plus précieux et le plus cher, comme le meil-

leur témoignage d'estime et de confiance que je puisse
vous donner. Quand vous apprendrez ma mort, venez
la réclamer. Elle est à vous. Elevez-la simplement et
religieusement. Soyez son père devant Dieu et devant
les hommes. Ne lui parlez de sa mère que lorsqu'elle
sera en âge de comprendre ce que j'ai souffert ; alors
vous lui direz tout ce que votre cœur généreux vous
inspirera. Veillez sur elle avec sollicitude, pour la pré-
server des piéges où mon inexpérience m'a fait tomber.
J'ai confiance que le succès de votre œuvre vous récompensera de vos soins. Bien que le cœur des mères soit
facile à s'illusionner, je ne crois pas me tromper en vous
disant que Marthe est douée du naturel le plus heureux
et qu'il vous sera facile de l'élever dans la vertu. Ses
mines gracieuses et ses gentilles réparties me font parfois oublier mes tristesses. Je me surprends à regretter
la vie à cause d'elle, et mon cœur se serre à énumérer les
dangers qui attendent dans ce bas monde les pauvres
filles, même celles que les mères couvrent de toute leur
sollicitude.

J'espère en vous, mon ami, et je me résigne à la
volonté de Dieu.

———

Novembre.

Je ne vous réponds pas, parce que ce serait accroître
vos douleurs, qui, croyez-le bien, ne sont pas sans écho
dans mon cœur. Je reçois vos lettres avec une joie que
je voudrais pouvoir me cacher à moi-même. Vous avez
conquis par votre générosité une trop large part dans

mon existence et mes sentiments. Vous ririez, si vous nous entendiez quelquefois causer de vous avec Marthe. Elle se souvient parfaitement de vous et ne vous appelle que le *Monsieur*. Je lui ai dit qu'elle vous reverrait un jour. Elle a répondu : « Ah ! tant mieux ; il n'a pas l'air méchant, et nous jouerons ensemble. » Pauvre enfant ! qui sait ce que l'avenir réserve à sa joyeuse insouciance? J'espère que Dieu lui accordera le bonheur qu'il a refusé à sa mère, et j'en trouve le gage dans l'intérêt que je continue de vous inspirer et que vous reporterez sur la pauvre orpheline.

Vous me souhaitez la paix et la santé. Hélas ! ma santé est perdue. Il faudrait un miracle pour me la rendre, et je n'y compte pas. Depuis votre passage aux Uclades, elle a été sans cesse en déclinant; mais je ne m'en plains pas, car, ce jour-là aussi, la paix est entrée dans mon cœur avec l'espoir que Marthe ne resterait pas sans un protecteur et un appui.

———

Novembre.

Par une fantaisie de mourante, j'ai voulu revoir les lieux où je vous ai connu. Je suis allée passer une journée à Vals. La différence des saisons répondait bien à la différence des situations. Alors Vals était vivant, fleuri, embaumé, et des sensations inconnues faisaient encore battre mon pauvre cœur, quand nous parcourions ensemble ses bois de châtaigniers et les bords pierreux de la Volane. Maintenant il est sans vie, sans fleurs, sans parfums; vous n'y êtes pas, et mon cœur est mort en

10*

attendant que mon corps meure également. O chère vallée! tu vivras toujours dans mon âme, malgré les douloureux souvenirs que tu réveilles !

J'ai parcouru quelques-uns des chemins où nous avions passé ensemble. Le mirage d'un vain bonheur est venu plus d'une fois y flotter devant mes yeux, comme pour exciter en moi d'inutiles regrets. Il t'aimait, me disait une voix tentatrice; il t'aurait donné son nom comme il t'avait donné son cœur ; le passé était oublié; l'avenir s'ouvrait riant, les joies de la famille pouvaient me faire une existence nouvelle.

Je me suis jetée à genoux au pied d'une croix élevée à la croisière de deux sentiers. Mon Dieu ! ai-je dit, écartez de moi ces trompeuses images. Il fallait une expiation, et puis je l'aimais trop pour vouloir lui offrir une compagne indigne de lui.

Et je me suis applaudie de ma résolution et de mon sacrifice.

En pensant que vous étiez ici il y a deux mois, je m'imaginais quelquefois que j'allais vous rencontrer. Je me surprenais à le désirer, mais je comprimais bien vite cette révolte instinctive d'un cœur qui aurait tant voulu être plus digne de vous, afin de se donner plus complétement à vous.

La fatigue et l'émotion ne m'ont pas permis de remonter sur ma montagne le jour même. Pendant la nuit, le vent et l'orage se sont déchaînés sur la ville d'eaux, comme pour me dire de m'en aller, que ma place n'était plus dans le séjour de la jeunesse et de la vie, et de remonter bien vite aux Usclades, où je serai enterrée cet hiver.

Ah ! quelque habituée que l'on soit à cette pensée, elle fait par moments frissonner. Mais le calme et la résignation me reviennent dès que j'ai prié Dieu. Il est si bon et j'ai tant souffert ! Ce serait lui faire injure que de redouter ses jugements. Je prévois, d'ailleurs, que la maladie me fournira encore plus d'une occasion d'acquérir de nouveaux titres à son indulgence.....

Me voici revenue aux Usclades. O mon pauvre village! je te rapporte ma cendre. Il me semble qu'elle dormira ici plus paisiblement qu'ailleurs.

Décembre.

Merci de la démarche que vous avez faite pour me permettre d'aller passer l'hiver dans le Midi, mais il est trop tard. Le Midi serait impuissant à me rendre la santé. Quant à ma fillette, la rigueur de ce climat lui semble plutôt favorable : elle est forte et fraîche comme une vraie montagnarde. Je vois trop à travers les vives inquiétudes que vous cause, non sans raison, l'état de ma santé. Toutes vos lettres semblent écrites en vue de me tranquilliser et d'adoucir les heures qui me restent à vivre. Soyez béni pour cette sollicitude ! Vous saurez, quand je ne serai plus, ce qu'il y avait au fond de mon cœur de tendresse et de gratitude pour vous; mais je me serais crue coupable de vous le dire plus tôt. Dans l'autre monde, je vous le dirai encore mieux. Si je vous avais fait cet aveu dans celui-ci, je perdais le pouvoir de vous imposer une séparation éternelle; je vous occasionnais de nouvelles douleurs, en vous infligeant le spectacle de ma longue agonie; je manquais enfin, en partie, au devoir d'expiation que m'imposait le remords toujours vivant de ma faute. Ah! j'ai bien fait de vous paraître dure et insensible pour vous obliger à partir. Mais je ne veux pas que vous croyiez que j'ai été insensible. Comment cela aurait-il été possible, lors même que je ne vous aurais pas aimé déjà, devant le généreux sacrifice que vous étiez prêt à faire pour moi? Vous avez, à ce moment, fait goûter à mon cœur la joie la plus pure: vous m'avez réhabilitée complétement à mes propres yeux. Mais, pour que l'œuvre fût complète, je sentais que je ne devais pas accepter ce sacrifice. Je remercie Dieu de m'avoir donné la force d'accomplir mon devoir. Ah! ce n'est pas sans pleurer que je vous ai banni. En le faisant, je coupais le dernier fil qui pouvait me rattacher aux espérances terrestres. Dieu me tiendra compte de ce que je n'ai pas hésité un instant. J'espère que, de votre côté, vous ne m'en aimerez pas moins, et que le surplus d'estime que vous en concevrez pour moi se transformera en amour paternel pour Marthe. Vos lettres, que je veux emporter dans ma tombe, sont déjà la preuve que je ne me suis pas trompée.

———

Janvier.

Seigneur, que votre volonté soit faite! Quelle autre prière pourrais-je faire au point où j'en suis? Quel autre sacrifice qu'une résignation complète pourrais-je offrir à Dieu, devant qui je vais être appelée? Je sens la vie s'en aller lentement, mais sans relâche. Je sais que je ne finirai pas cette année. Mais finirai-je même cet hiver? Reverrai-je le printemps rendre à nos bois et à nos champs leur verdure? Je crois bien que non. Ah! les souhaits à faire maintenant à la pauvre Rose sont bien restreints. Priez Dieu de lui conserver le calme avec lequel elle voit s'approcher la mort et les divines espérances de l'autre vie! Priez Dieu de mesurer ses souffrances à sa faiblesse! Vous souffririez trop d'entendre les cris de détresse que la maladie parfois lui arrache. Souvent elle étouffe ; l'air lui manque ; elle fait ouvrir les fenêtres malgré le froid, sachant bien d'ailleurs que ce soulagement momentané rapproche plus qu'il n'éloigne la mort. D'autres fois, elle plonge ses mains dans l'eau bouillante, pour attirer aux extrémités le feu qui dévore sa poitrine. Que de souffrances en germe dans notre frêle organisation! Demandez à Dieu de m'accorder, aux heures d'angoisse, un peu plus de patience que je [n'en ai quelquefois. J'avais entendu dire que, dans ces maladies, on mourait sans s'en apercevoir. Mais que de crises terribles avant d'arriver à l'heure de la délivrance !

Vous voyez que vos pressentiments étaient vrais. Éva souffre; elle est bien malade, mais la mort l'aura bientôt guérie ! Vous recevrez alors ces pages dans lesquelles elle a fondu son cœur devant vous, sans pouvoir y exprimer tout ce qu'il contient de tendresse et de reconnaissance. Elle espère que leur lecture tempérera le regret de sa perte. Elle vous remercie des consolations que vos lettres lui ont apportées pendant sa maladie. Elle est allée en vous aimant de plus en plus. Son amour, mais un amour pur et désintéressé qu'elle pourra avouer au Père céleste, et dont elle a entretenu plusieurs fois son vénérable curé, faisait dans son cœur des progrès aussi rapides que la mort en faisait dans son corps épuisé. Elle a cru et elle croit toujours qu'à ce moment suprême elle pouvait vous aimer sans crime, comme son époux devant Dieu, comme le père futur de l'enfant qui joue là à ses pieds, sans se douter que demain peut-être il n'aura plus de mère.

O mort ! divine purificatrice, que deviendrions-nous sans toi, puisque, malgré toi, notre orgueil, notre folie, atteignent souvent de si énormes proportions ? Nous ne sentons bien le néant des choses humaines que lorsque. nous ayant pris dans ta puissante main, tu nous communiques le sens vrai de la vie, avant de nous remettre aux mains de l'éternel Juge. Tant que tu n'as pas paru à l'horizon, nous nous agitons, nous remplissons un petit cercle de bruit et d'éclat. Mais la mort paraît, et nous nous dissipons comme une ombre. Nous ne sommes plus des êtres réels, mais des souvenirs, et bientôt cès souvenirs s'éteignent eux-mêmes avec les cœurs qui les conservaient. La vertu et l'amour de Dieu vivent seuls éternellement.

Ne nous plaignons pas non plus des afflictions par lesquelles Dieu nous éprouve. Elles nous conduisent à la mort, comme la mort nous conduit à Dieu. Elles nous habituent à envisager sans crainte ce suprême combat et à y arriver calmes et bien préparés.

———

Février.

Je vous écris probablement pour la dernière fois. J'étouffe de plus en plus, et cela m'empêche de penser. Mon âme se débat dans les anxiétés de la souffrance physique, et elle a même de la peine à se recueillir pour prier. Vous avez fait une bonne œuvre en me tendant la main. Si la réciprocité des sentiments peut payer de pareils bienfaits, vous n'avez pas obligé une ingrate. Mais c'est Dieu qui vous récompensera. Je vous recommande de nouveau la pauvre orpheline.............

*
* *

La lecture de ces pages funèbres fut, on le pense bien, cent fois interrompue par des explosions de larmes et de sanglots.

Jean-Joseph passa la nuit à prier et à pleurer. La prière et les larmes sont les deux issues naturelles et les seuls soulagements des grandes douleurs.

Le lendemain matin, il reçut la visite du docteur Barbelin et de Brison, qui, le voyant relativement calme et résigné, lui communiquèrent la lettre suivante, écrite par le curé des Usclades à son confrère, M. l'abbé V..., vicaire à Lyon :

« Monsieur et cher confrère,

» En vous accusant, quoique un peu tard, réception de la lettre que vous m'avez adressée, il y a quelques mois, au sujet de la mort du nommé X...., je viens, à mon tour, vous raconter une mort plus édifiante : c'est celle de la pauvre enfant que le malheureux avait séduite. Vous serez frappé sans doute, comme moi, de la relation étroite qui existe entre ces deux événements, et

qui me semble bien propre à ouvrir les yeux de tous
ceux qui doutent encore de la profondeur des voies de
Dieu et de son inévitable justice.

» Rose Chabal appartenait à une famille d'honnêtes
cultivateurs. Elle avait été élevée dans la crainte de Dieu
et n'avait trouvé dans sa famille que des exemples de
vertu. Elle faillit cependant, mais plutôt par inexpérience que par une tendance vicieuse. La promptitude
de son repentir l'a prouvé. Dieu la récompensa en lui
faisant trouver aussitôt pour protectrice une véritable
sainte, qui, jusqu'au dernier moment de sa vie, n'a cessé
de la couvrir de sa sollicitude. C'est ainsi que, en quittant le pays après sa faute, elle fut recueillie dans un
couvent pour y recevoir une éducation qui devait plus
tard la mettre à l'abri du besoin, elle et son enfant.

» Depuis lors, sa vie a été irréprochable, et elle s'était
si bien relevée dans l'estime publique, qu'il s'est trouvé
plus d'un honnête homme pour lui offrir son nom et oublier un passé que sa conduite ultérieure avait complétement effacé.

» Par une délicatesse de sentiments que beaucoup
trouveront excessive, mais qui ne peut exciter que
l'admiration et qui n'était peut-être qu'une secrète inspiration du ciel, Rose Chabal refusa toutes les offres qui
lui furent faites. Elle sut même résister à son propre
cœur en repoussant une personne pour qui elle éprouvait
de secrètes sympathies, mais dont elle craignait de per-
dre l'avenir en consentant à unir sa destinée à la sienne.
Cette personne habite Lyon. La lettre ci jointe lui est
destinée, et je vous prie de la lui faire parvenir par l'in-
termédiaire du docteur Barbelin, dont vous m'avez parlé
dans votre lettre.

» Rose était revenue depuis bientôt deux ans dans son village natal. Elle y a donné constamment l'exemple de la piété, de la modestie, de la douceur et de toutes les autres vertus chrétiennes. Elle a supporté avec une ré‌signation admirable les anxiétés et les tortures d'une longue maladie. Elle a vu venir la mort avec le calme, la foi et l'espérance d'une âme juste. Toutes ses paroles, tous ses actes, tous les mouvements de son visage, révélaient une telle sérénité d'âme, une telle soumission à la volonté de Dieu, que j'en étais chaque fois surpris moi‌même et que je songeais bien moins à l'encourager et à la consoler, — puisque Dieu lui-même semblait s'être chargé directement de cet office, — qu'à m'édifier par son exemple et à apprendre d'elle le secret d'une bonne mort.

» Peu de jours avant d'expirer, elle me dit:

» Monsieur le Curé, vous connaissez toute ma vie. Vous connaissez aussi mes plus secrètes pensées. J'espère que Dieu aura pitié de moi, quoique je me sente bien éloignée de cette divine perfection dont j'aperçois l'idéal à la fois dans vos leçons et au fond de mon âme. J'ai honte de moi, quand je me compare, par exemple, à ma vénérable bienfaitrice, cette sainte fille dont toute la vie se passe à honorer Dieu et à faire chérir la religion, en cherchant et en soulageant les infortunes de la contrée. Hélas! ma propre infortune a été si grande, que le soin de la soulager ne m'a guère permis de m'occuper de celles d'autrui. Malgré mon imperfection, j'ai confiance à la bonté de Dieu, et je vous remercie d'avoir dissipé les appréhensions que le souvenir du scandale que j'ai donné entretenait dans mon âme. J'ai tant pleuré, j'ai tant souffert, je suis encore si honteuse et si

affligée de mes fautes, que j'ai fini, grâce aussi à vos encouragements, par ouvrir mon cœur à l'espérance. Je
vais à Dieu sans crainte, avec une foi profonde dans son
infinie bonté. J'ai souvent fait des rêves où je le vois
me sourire, me pardonner et m'appeler : est-ce que ces
rêves seraient possibles, si mon sort ne l'avait touché ?

» La sainte fille dont il est ici question, Mlle Marcellin,
informée de l'état désespéré dans lequel se trouvait notre
intéressante malade, voulut, malgré les rigueurs de la
saison et la neige qui couvrait nos montagnes, lui appor-
ter ses consolations et le témoignage de ses sympathies.
Mais elle vit bien vite que ce n'était pas à la malade,
mais aux pauvres gens qui venaient la voir, que ses conseils seraient le plus profitables.

» Cinq ou six de ces braves gens se plaignaient devant elle de leur sort misérable, dans la chambre même
de la malade.

» L'un d'eux, un parent même de Rose, qui habite une
paroisse du bas pays*, avait pour la malade des consolations d'un genre tout rustique.

» — Après tout, disait-il, pauvre Rose, ne te fais pas
trop de chagrin ; la mort, pour des malheureux comme
nous, est encore préférable à la vie : il vaut mieux dormir que souffrir. Du moins là-haut, on n'endure pas la
faim, on ne paye pas d'impôts ; on n'a affaire ni à des
hommes de loi, ni à des usuriers. Il n'y a pas de grêle ni
d'inondations pour emporter les récoltes. On n'y doit

---

* Du Vivarais. Dans la région supérieure du département, qui
fait partie du bassin de la Loire, on réserve le nom de *Vivarais* ou
de *bas pays* à toute la partie inférieure, dont les eaux se déversent
dans le bassin du Rhône.   (*Note de l'Éditeur.*)

rien à personne et on y vit en paix. Ici, nous sommes comme nos vers à soie; nous nous agitons dans notre domaine, tirant de la terre et des arbres des fils de verdure comme le ver tire des fils de soie de son corps. La plupart tombent avant d'avoir pu se renfermer dans leur domaine défriché, dans leur maison blanchie et restaurée. Les moins malheureux font comme le ver à soie : ils montent à la bruyère et se renferment dans leur cocon pour y mourir.

» —Et pour ressusciter ! ajouta Mlle Marcellin en faisant le signe de la croix.

» Ce simple mot rappela à eux tous les assistants.

» — Ne vous plaignez pas trop de votre sort, ajouta la sainte fille. Rappelez-vous toujours que nous sommes dans ce monde, non pour y trouver le bonheur, mais pour y devenir dignes de la vie éternelle, dans laquelle notre chère Rose va nous précéder. Les misères et les déceptions de cette vie ne sont pas uniquement le lot des habitants des campagnes. Vous ne vous doutez pas des tourments qui agitent les gens des villes. J'en sais qui souffrent plus de ne pas être maires ou conseillers municipaux, que vous de n'avoir pas de pain pour vos enfants. Je connais des demoiselles qui se trouvent plus malheureuses de n'avoir pas une robe de soie ou tel autre objet de toilette, que vous d'être privés de feu en hiver. C'est ainsi que la justice divine corrige les effets de l'inégalité des conditions. Mais son inépuisable bonté a mis le contentement intérieur à la portée de tous, par les vérités de notre sainte religion. Avec le Seigneur Jésus, on est heureux dans toutes les positions. Sans le Seigneur Jésus, on est triste dans toutes les positions, même au faîte des honneurs et au sein de l'opulence. Avec le Seigneur Jésus, on a la paix dans l'âme, même en présence de la mort, au bout d'une vie prématurément brisée, comme notre sainte amie, à qui je demande ici sa bénédiction et sa protection auprès de notre Père céleste.

» Rose fondit en larmes.

» — Ah ! mademoiselle, dit-elle, c'est moi qui ai besoin de votre bénédiction et de votre protection auprès de Dieu. J'ai à faire oublier un grand scandale, tandis que vous n'avez jamais été que l'édification du pays et la bienfaitrice de tous les pauvres gens.

» — Hélas ! dit Mlle Marcellin, le mérite est en raison des tentations, et j'y ai été moins exposée que vous. Je désirerais avoir les mêmes droits que vous à l'indulgence divine.

» Elle embrassa la mourante. Tout le monde se mit à genoux et tout le monde pleura.

» Le lendemain, la malade avait rendu son âme à Dieu. Tout le village a assisté à ses funérailles. C'était comme un deuil général, tellement l'expiation avait été complète, tellement le spectacle des dernières années avait fait oublier la faute d'autrefois. Le corps de la pauvre fille repose dans notre cimetière, tandis que son âme reçoit là-haut la récompense réservée aux justes.

» J'ai tenu, mon cher confrère, à vous raconter tous ces détails, parce qu'ils sont une nouvelle preuve de cette vérité si heureusement mise en lumière par Joseph de Maistre, que, même en ce monde, «la plus grande somme de bonheur est pour la vertu, et la plus grande somme d'infortune est pour le vice.»

» *Dixit insipiens in corde suo : non est Deus !*

» Ah ! il faut plus que de la folie pour nier Dieu, quand tout célèbre sa grandeur, depuis le vermisseau jusqu'à l'étoile ; quand tout révèle sa justice et sa miséricorde, la vie des pécheurs *comme la mort* des saints. Il faut n'avoir plus les yeux du corps, ni ceux du cœur et de l'esprit, pour méconnaître sa grandeur, sa justice et son inépuisable bonté.

» Recevez, mon cher confrère, l'assurance de mes sentiments d'estime et d'affection en Jésus-Christ.

» X...,

» curé aux Usclades (Ardèche).»

*
* *

A peine cette lecture était-elle terminée, que Jean-Joseph manifesta le désir de partir aussitôt pour le Vivarais.

— Pourquoi faire ? dit le docteur Barbelin.

— Pour aller recueillir le précieux legs qu'elle m'a fait, pour aller chercher l'enfant.

— C'est inutile, dit le docteur. Mme de Brison a voulu *y aller elle-même, et nous avons attendu son retour pour te donner ce que tu viens de lire.*

Mme de Brison entra en même temps avec la petite fille, dont les vêtements de deuil faisaient encore ressortir le frais visage.

En apercevant Jean-Joseph, elle lui dit d'un ton de reproche :

— C'est toi, Monsieur, qui as tant fait pleurer maman quand tu es parti !

OUVRAGES DU MÊME AUTEUR

Impressions de voyage à Grenoble, Uriage et la Grande Chartreuse. — Chambéry, 1855.

Nice en 1861. — Paris, Franck, 1861.

Le Vieux Musicien. — Paris, Dentu, 1863.

Jean Bruyère. — Paris, Dentu, 1864.

Une Esquisse d'anatomie politique. — Paris, Dentu, 1868.

La Ligue de l'indépendance. — Paris, Dentu, 1869.

Petites Notes ardéchoises (1re série). — Privas, Roure, 1871.

Marguerite Chalis et la Légende de Clotilde de Surville. — Paris, Lemerre, 1873.

Petites Notes ardéchoises (2e série). — Privas, Roure, 1874.

MONTPELLIER. — IMPRIMERIE CENTRALE DU MIDI

www.ingramcontent.com/pod-product-compliance
Lightning Source LLC
Chambersburg PA
CBHW052051090426
42739CB00010B/2133